KB218869

대체되지 않는 사람

: 함께 하신 유튜브 구독자분들 :
Lee;Fam

: 댓글로 함께하신 분들 :

NehemiahNam, 톱 유, loeoeoel, 인자강 이경, chocho, 비요, 햅삐, 풀하우스, 지공태겸, JustINTime4Lee, 김다엘, 뿍이, ma no, 잘 될 GO, 태리, 계획을 미루지않는다, 대한민국에 희망을 전하는사업가, 니나노, segakbee(세각비), 하은, Willow, 불굴의오뚜기, Stay_consistent, 진정한 케잇, JUJUDY, 벤저민, 김준영, sumartin, 눙, 문경노, Sean Lee, 타마산비, Kaz.k, wanzy._o, 김승철, Ju M, jong kun choi, 동글이, 양노티, 4freedom, 열매, 숲, 제임스, MINKYUNG KIM, 예쓰아이캔두, 냐망, 단비가내려와, Brave Choe, 하율 차, Omniplayer_Lina, 디H, 레이나르, heeG, Su--Salom, 강민경, 이불밖으로돔황챠, H.J. Choi, 띵, sm k, 요요히, 내 속도로 살자, 유니크Su, 감자머리고구마, 사랑둥이, 햄마요, 뚜꾸리, 후아후아, 오늘도 숨 이, jini, 김원진, 홍성표, A R, jane, greeen_j, 초록, StandB, 여담: 여행을 담다, 브랜D, 여름곡식, 정웃쨔, 이현준, yn c, 온니쏠, Fingers_손꾸락, techrun, Resilience_c, 하웅, 조서, aAa, 사과나무, 꿈사세요, BiNi, 짭지식, JayG, gs, julie, juhyeon lee, 이주발고등어, 내이름은자비스, 행구마, emong, 백가람, 우리 모두 힘내요 파이팅, donghyun lee, k hoho, 헤니, 정만두, 정체리, 미스터코, holololol, TIPD, 터틀, 긍정마인드, razaro1217, bluemoon rennie, 키키, 호이가 계속되면 둘리, Leah, 아뇨 짱군데요, 요정, jinyoung kim, 거북이와 거북선, 물고기잡는이, Ksw, 괜찮아, M.K.G.A., 빡, 김현, 백그리거, Flow, ㅇㅇㅇㅇ, 윤석롤

감자머리고구마

3주내내 꾸준히 시간을 낸다는 것이 쉽지않은 일인데 스트리밍 해주셔서 감사합니다:)
같이 과제하고 스트리밍 라이브 참가하셨던 분들도 내적친밀감이 들어 스트리밍 듣는게
재밌었습니다! 다들 수고 많으셨고 기회가 된다면 꼭 만나 뵙고 싶네요:) 연말 잘 보내시
고 감기조심하세요*^^*

 우리 모두 힘내요 파이팅

이형님 스트리밍 전엔 항상 일 끝나고 집에 퍼질러 있었는데 스트리밍을 듣고 나서 집에
와서 뭐든 해보려고 했습니다.
많은 동기부여가 됐습니다! 이형님의 공헌 정말 감사합니다!

 인자강 이경

그동안 라이브 스트리밍 해주셔서 정말 감사합니다! 덕분에 구직 의욕 1도 없던 제가, 저
도 모르게 열심히 하게 됐던 것 같습니다. 과제도 하나하나 많이 봐주시고, 출장 중에도
약속 지켜주시고, 열심히 준비 해주신 게 느껴져서 정말 너무 좋았고, 감동이었습니다!!
그리고 매일 같이 참여해주셨던 분들과 응원해주시고 격려해주셨던 분들께도 진심으로
감사합니다. 내년에 복 포텐 터져서 복 받으실 겁니다!!! 2025년도 화이팅!!

 segakbee(세각비)

생각도 많이 하게 되고, 가치관이 많이 정리되는 느낌을 받았습니다. 앞으로 어떤 자세로
세상을 바라봐야할지 계속해서 고민 중이에요 저는 제가 자연성인간이라고 생각하며 살
아왔는데 남탓과 부정적인 발언도 꽤 많이 해왔다는걸 깨달았습니다. 마인드 트레이닝
을 통해서 좀 더 좋은 사람이 되고 싶네요. 제 꿈은 인재육성전문가가 되는겁니다. 제 커
리어를 잘 다듬어 언젠가는 이형님을 직접 뵙기를 소망합니다!

목차

지성을 넘어
영성을 가진 사람이
대체되지 않는다.

들어가는 말

intro

지성을 넘어,
영성을 가진 사람이 대체되지 않는다.

"AI 시대, 나는 어떤 사람이어야 하는가?"

직장인이라면 요즘 이런 생각을 많이 할 수 밖에 없다. "이 회사에서 내가 하는 일, 진짜 나만 할 수 있는 일인가?" 사실, 그런 일은 거의 없다. 보고서 작성, 데이터 정리, 일정 관리. 어느 하나 AI나 시스템으로 못 할 게 없다. 더 이상 '열심히 한다'는 이유만으로 나를 인정해주진 않는다.

그리고 현실은 더 빠르게 변하고 있다. 자동화 기술은 일의 속도를 높였고, AI는 더 똑똑해졌다. 직장인의 63%가 "AI로 인해 내 일이 위협받을 수 있다"고 말한다. 그러니 질문을 바꿔야 한다.

"무엇을 잘해야 살아남는가?"가 아니라,

"어떻게 해야 대체되지 않는 사람이 될 수 있는가?"

이 질문을 하기 전에 먼저 하나의 질문을 짚고 넘어가자. 우리는 "왜 일하는가?" 라는 질문이다. 이 질문을 던지면, 많은 이들이 "먹고 살기 위해서…" 라고 한다. 물론, 커리어(일)는 생계유지를 위한 수단이기도 하지만, 그보다 훨씬 큰 의미에서 우리 삶의 정체성과 연결이 된다. 나의 존재 이유와 가치를 커리어(일)라는 수단을 통해 달성하는 것이다.

그냥 언뜻 생각하면 돈 받는 만큼만 일하고, 일을 안할 수록 좋다고 생각할 수 있지만, 조금만 깊이 생각해 보면 그게 다가 아니라는 것을 알 수 있다. 몇년을 취업 준비해서 입사한 대기업을 1년도 안되어 퇴사 하는 이들과 고시준비 하듯 공부에 전념해서 합격한 공무원들의 줄퇴사를 어떻게 설명할 수 있을까? 은퇴 후 소일거리를 찾는 고령화 시대는 이 모든 관점을 관통하는 현상이라고 생각한다. 의미를 찾을 수 없는 일을 매일 반복해야 하는 삶은 얼마나 비참하고 안타까운가?

기계와 인간의 근원적 차이를 철학적, 신학적으로 돌아볼만큼 여유와 깊이가 없는 점이 아쉽지만, 분명한 것이 있는데, 우리는 지루하고 반복되는 일을 지속할 수 없다는 것이다. 동시에 반복되는 단순한 일만 하는 사람에게 높은 급여를 지불할 기업과 고객은 없을 것이라는 것도 자명하다.

기계는 계산하고, 인간은 의미를 묻는다. 우리는 단지 지능 Intelligence이 아니라, **지성과 영성을 가진 존재**이기 때문이다. 그래서 진짜 중요한 건 '얼마나 똑똑한가'가 아니라, '얼마나 깊이 생각하는가'이고, 결국 대체되지 않는 사람은 **지성을 넘어 영성을 갖춘 사람**이다.

"대체되지 않는 사람은 어떤 사람인가?"

이 질문을 붙잡고, 수많은 책을 읽고, 수만 명의 구독자들과 대화했다. 그 과정에서 한 가지 분명해진 사실이 있다. '일의 개념'이 바뀌고 있다는 것. 더 이상 일은 '시키는 대로 하는 것'이 아니다. '정해진 일'을, '정해진 시간' 안에, '정해진 방법'으로만 수행하는 사람이야 말로 AI와 자동화에 대체되는 사람이다. 일은 내가 만들고, 내가 정의해서 의미와 결과를 만들어야 한다. 이 말이 다소 낯설고 와닿지 않을 수도 있다. 그래서, 우리가 길잡이 삼을 세 명의 스승을 먼저 소개하려 한다.

이 책은 피터 드러커의 '자기경영노트', 데일 카네기의 '인간관계론', 이나모리 가즈오의 '왜 일하는가'를 바탕으로, '대체되지 않는 사람'의 15가지 관점을 정리한 실전형 자기정리 노트다.

이 책을 큐레이션 하기로 결정한 이유는, 지금의 나를 만들어 준 근간이 되는 책이면서 동시에 전 세계의 CEO들에게 영감을 준 베스트/스테디 셀러이기 때문이다. 어쩌면, 경영과 커리어의 근본이라고 할 수 있는 이들의 조언이 이 시대에 재해석 되야 한다고 생각했다. 기술이 발전하고 환경이 바뀌어도, 본질은 변하지 않는다. 근본을 다시 들여다 봐야할 때이다.

이 책 사이사이에는 수많은 구독자들과 함께한 대화와 변화의 기록이 들어 있다. 이 책은 위에서 언급한 세 책의 요약본도 아니고, 카피본은 더더욱 아니다. 핵심적인 개념과 관점을 큐레이션 하면서, 시대와 세대에 맞게 언어를 바꾸려고 노력했다. 보다 깊이 있는 내용을 접하고 싶다면, 반드시 원저를 읽어보기 바란다. 구독자들과 함께 고민하고, 함께 시도하고, 함께 피드백한 실천의 결과물이라고 말하고 싶다.

이 책은 이런 사람에게 꼭 필요하다

1. 변화하는 시대에 적응을 못할까봐 두려운 사람

2. 이직 후에도 똑같은 일상에 지친 사람

3. 회사는 다니는데, 내가 뭐 하는 사람인지 모르겠는 사람

4. 컬처핏 면접이 두렵고, 리더가 되고 싶은데 기준이 없는 사람

5. 일 잘하는 사람이 아니라, '인정받는 사람'이 되고 싶은 사람

이 책은 이런 결과를 만든다

1. '일의 관점'이 달라진다. 단순한 업무가 '기획'이 된다.

2. 나만의 강점이 보인다. 팀워크 안에서 나의 포지션이 잡힌다.

3. 실수를 피하는 사람이 아니라, '공헌을 남기는 사람'이 된다.

4. 조직의 평가 기준을 내 기준으로 재정의하게 된다.

결국, '일'에 끌려가지 않고

'일'을 끌고 가는 사람이 된다.

이 책을 읽는 방법

이 책은 하루에 한 챕터씩 읽도록 구성했다. DAY 1부터 DAY 5 까지, 매일 한 가지 주제에 집중하라. 월요일부터 금요일까지 하루를 시작하는 시간 혹은 출근시간에 읽고 생각을 정리해보기 바란다. 읽는 것도 중요하지만, 더 중요한 것은 나만의 생각을 매일의 과제질문에 작성해 보는 것이다. 중요한 건, '느낀 것'을 적는게 아니다.

느낀 것을 통해 '내 생각'을 만드는 것이다.

1. 하루 1챕터, 10분만 읽자

2. 생각을 기록하자

3. 내 언어로 바꾸고, 적용점을 찾아보자.

평일 5일간 한 주제씩 생각을 정리하고, 주말에는 한주간의 내용을 다시 돌아보자. 이 과정을 3주간 즉, 21일 반복하면, 당신은 단지 '책을 읽은 사람'이 아니라 '일을 다르게 보는 사람'으로 바뀌게 될 것이다. 지금 우리에게 필요한 건, 완벽한 사람이 아니다.

대체되지 않는 사람이다.

그 시작을, 오늘 이 책으로 함께 시작해보자.

피터 드러커
『 **자기경영노트** 』

이 책의 내용을 소개하기에 앞서, 현대 경영학에서 이 책의 저자가 가진 권위를 먼저 이야기하고자 한다. 피터 드러커(Peter Ferdinand Drucker)는 흔히 "현대 경영학의 아버지"로 불리는 인물이다. 대기업처럼 경영 체계가 잘 잡힌 조직이라면 대부분 그의 이론을 기반으로 경영 시스템을 설계하고 운영하게 되며, 이는 스타트업도 예외가 아니다. 최근 스타트업 씬에서 주목받는 애자일(Agile)이나 OKR(Objectives and Key Results)과 같은 방법론의 뿌리를 따라가 보면, 모두 피터 드러커의 이론에서 비롯된 것을 알 수 있다. 이처럼 피터 드러커는 현대 경영학의 '근본 of 근본'으로 평가받으며, 그의 경영 이론은 현대 경영학의

피터 드러커
Peter Ferdinand Drucker
1909 - 2005

기초를 세우고 발전시키는 데 결정적인 역할을 했다.

이러한 이유로 많은 기업들은 피터 드러커를 알고 있을 뿐만 아니라 그의 저서들을 깊이 연구하고 있다. 만약 임원 면접이나 최종 면접 자리에서 피터 드러커의 이론에 입각한 이야기를 제시할 기회가 생긴다면, 면접관들의 눈빛이 즉각적으로 바뀌고 합격의 시그널을 경험할 가능성이 높다. 면접관 입장에서는 지원자가 피터 드러커를 안다는 사실 자체가 놀라울 뿐 아니라, 그 안에 담긴 개념을 자신의 생각으로 정리해 이야기하는 지원자에게 큰 매력을 느끼게 될 것이다.

지식근로자는 스스로 방향을 정해야만 하고,
그 방향은 성과와 공헌, 다시 말해
목표달성에 초점을 맞추어야 한다.[1]

피터 드러커

목표달성능력

목표달성능력

　대체되지 않는 사람의 첫 번째 유형은 기획자이다. 기획자로 분류되는 사람들은 큰 그림을 보고 조율하는 사람, 주변인들의 목표 달성을 위해 사기를 북돋아주는 사람 등 조직 내에서 다양한 방식으로 표현된다. 조직 내에서 에이스라 불리는 이들의 공통점은 바로 그들이 기획자라는 점이다. 분석하는 사람은 시스템으로 대체될 수 있으며, 기술자 또한 지속적으로 발전하는 새로운 기술에 의해 대체될 가능성이 높다. 그러나 기획자는 이러한 변화와 기술 발전 속에서도 대체되지 않는다.

기획자 = 리더십 = 경영자 = 지식 근로자

기획자는 필연적으로 리더십과 경영의 역할을 수행하며, 현대 사회에서 이러한 역할을 하는 사람들을 우리는 '지식 근로자'라 부른다. 이 네 가지 단어 기획자, 리더십, 경영자, 지식 근로자는 서로 등호로 표현될 만큼 긴밀한 개념이다. 그리고 오늘 소개하는 피터 드러커는 그의 저서 전반에서 모든 근로자는 반드시 경영자가 되어야 한다는 개념을 강조했다.

그렇다면 경영이란 무엇일까? 경영을 쉽게 정의하면 인풋Input 대비 아웃풋Output을 늘리는 활동, 즉 '생산성 증가'라고 할 수 있다. 그리고 생산성 증가라는 개념이 기술혁신과 만나면서 새롭게 등장한 단어가 있으니 그것은 바로 '혁신Innovation'이다. 이 단어는 원래 피터 드러커가 굉장히 강조했던 개념이지만, 오늘날에는 지나치게 일반화되어 본래의 의미가 다소 퇴색되었다. 많은 사람들이 "혁신에 도전하겠습니다"라고 외치지만, 정작 그 의미를 제대로 이해하지 못한 채 사용하는 경우가 많다. 혁신은 단순한 변화를 의미하는 것이 아니라, 생산성이 '비약적'으로 증가하는 것을 뜻한다. 이것이 경영이라는 활동의 본질이다.

그런데 요즘 이런 기업들을 많이 보게 된다. 일부 기업들은 방대한 분석과 보고서 작성에 집중하지만, 정작 목표 달성을 위한 실행력이 부족한 경우가 많다. 코딩과 통계 등 분석 프로그램을 총동원해서 200장짜리 PPT를 만들어 낸다. 그렇게 두꺼운 책을 만들어 놓고 정작 읽어보는 사람도 없고, 읽어봤자 별로 남는 것도 없다. 기획자라고 하면서 이런 보고서 기획만 하고 있다면 그것은 잘못된 것이다. 기획은 그 시작일 뿐, 결과물이 나오지 않는 기획은 잘못된 기획이다. 기획을 해서 얻고자 하는 결론은 바로 목표를 달성하는 것이다. 목표를 달성하는 사람이야말로 대체되지 않는 사람이다.

세 가지 종류의 사람

"당신의 목표는 무엇인가?"

이 질문에 대한 당신의 답변은 무엇인가? 이 질문에 따라 세 가지 종류의 사람으로 분류될 수 있다.

1. 목표 자체가 없는 경우 → 초보자
2. 목표는 있지만 달성을 못하는 경우 → 아마추어
3. 목표가 있고 그것을 달성하는 경우 → 프로페셔널

첫 번째 : 목표 자체가 없는 사람

목표가 있어야 일에 동기부여가 되고 몰입도 된다는 사실을 모르는 사람은 아무도 없을 것이다. 그런데도 왜 많은 사람들이 목표가 없을까? 여기에는 다양한 이유가 있다. 회사의 미래에 대한 불확실성, 개인적인 자신감 부족, 또는 단순한 무관심 등 다양한 이유로 목표 설정을 하지 않는 경우가 많다. 그러나 목표 자체가 없는 사람은 절대 프로로 성장할 수 없다. 목표가 없는 대다수의 경험이 우리를 성장시키지 못하기 때문이다. 그 경험을 통해 무엇을 얻어야 할지, 왜 그것을 하는지에 대한 이유도 모르기 때문에 아무리 스펙이 뛰어나고 똑똑하다 하더라도 목표가 없는 사람은 반드시 대체된다.

스스로를 한번 돌아보자. 내가 가장 큰 성장을 경험했던 순간은 언제였는가? 군 생활이나 대학입시 등 힘든 여정을 통과하고나서 성장했다고 느끼기도 하고, 원하는 회사 취업에 도전하거나 어려운 자격증 땄을 때, 또는 무언가에 도전하여 성공과 실패를 경험할 때 성장했다고 여기기도 한다. 즉 우리가 성장하는 것은 '성공 경험'을 했을 때이다. '저게 진짜 가능할까?'라고 의심했던 것에 도전하고 성취를 경험했을 때, 바로 그 순간이 성장의 순간이 된다. 그리고 이 경험이 반복되고 커지고 복잡해질수록 전문가가 되는 것이다. 다시 말해, 목표를 설정하고 무언가를 바꿔보는 경험이 당신을 프로페셔널로 만든다.

두 번째 : 목표는 있지만 달성하지 못하는 사람

두 번째는 의지는 있지만 실력이 없는 경우이다. 이는 아마추어에 해당한다. 목표는 있지만 달성을 못하는 이유는 무엇일까? 내일로 미루거나 중도에 포기하는 등 목표달성에 대한 의지가 부족하기 때문이거나, 목표를 너무 높게 잡거나 추상적으로 수립하는 등 기획의 오류 때문일 수도 있다. 그러나 그 중에서도 아마추어들이 보이는 가장 결정적인 공통점이 있다. 그것은 바로 '피드백'을 하지 않는다는 사실이다.

성공 피드백 : 강점과 경쟁력을 발견 → 다음 기획에 반영 →
더 큰 성과를 쉽게 달성
실패 피드백 : 기획의 오류를 발견 → 프로세스 재설계 및 역량을
보강 → 목표를 달성

피드백은 '성공에 대한 피드백'과 '실패에 대한 피드백' 두 가지로 나눌 수 있다. 먼저, 성공을 피드백하면 자신의 강점과 경쟁력을 발견하게 된다. 이를 다음 기획에 반영하면 더 큰 성과를 더욱 쉽게 달성할 수 있다. 이러한 반복 과정을 통해 만들어지는 것이

바로 실력이다. 반대로, 실패를 피드백하면 어떻게 될까? 실패를 통해 기획의 오류를 발견하게 된다. 이후 프로세스를 재설계하고 역량을 보강하게 된다. 프로세스 재설계라는 표현이 어렵게 들릴 수도 있지만, 본질적으로는 방법을 바꾸고 새롭게 시도하는 것을 의미한다. 이를 통해 목표를 달성하게 되면 다시 성공 피드백으로 이어진다. 이제 다시 나의 강점과 경쟁력을 발견하고, 그것을 다음 기획에 반영해 더 큰 성과를 쉽게 달성하는 선순환이 시작된다. 이 과정이 반복될수록 성장의 속도가 빨라진다.

세 번째 : 목표가 있고 그것을 달성하는 사람

마지막으로, 목표가 있고 이를 달성하는 사람이 있다. 이것이 바로 최고의 레벨이며, 우리는 이러한 사람을 프로라고 부른다. WEEK3에서 정리할 『왜 일하는가』라는 책에 이와 관련된 예시가 나온다. 일본 경영의 신이라는 별명으로 불리는 이나모리 가즈오는 이렇게 말했다.

"우리한테 실패란 없다. 왜? 성공할 때까지 다시 할 거니까."

성공할 때까지의 과정일 뿐 실패는 없다는 것이다. 이러한 관점과 태도는 아마추어와 근본적으로 다르다. 무언가 계획대로 되지 않을 때, 아마추어는 '역시 나는 안 되는구나'라고 스스로를 한계 짓는다. 반면, 프로는 이렇게 생각한다. '이렇게 하니까 안 되는구나? 그럼 다른 방법으로 시도해 보자.'

즉, 프로는 인풋값을 계속 바꾸며 피드백을 반복한다. 실패를 최종 결과가 아니라, 다음 성공으로 가기 위한 과정으로 받아들이는 이 태도가 바로 프로와 아마추어의 가장 큰 차이다.

생산성이 높고 일을 효율적으로 하는 사람은 자연스럽게 시간의 여유를 가지게 된다. 그 결과, 다양한 활동을 하면서도 균형 잡힌 삶을 유지할 수 있다. 결과적으로 워라밸Work-Life Balance도 지켜지게 된다. 목표를 달성하는 사람들에게 시간이 지날수록 기회가 점점 확장되는 이유이다. 피터 드러커는 목표를 달성하는 사람들에게 다음과 같은 5가지의 공통된 습관이 있다고 규정했다. 이들은 스스로 의식하든 의식하지 않든, 이 5가지 습관이 일과 삶 속에서 체계적으로 작동하고 있다.

1. 자신의 시간이 어디에 사용되고 있는지 안다.
2. 외부 기여에 초점을 맞춘다.
3. 강점을 바탕으로 성과를 낸다.
4. 우선순위를 정한 뒤 그것에 충실한다.
5. 효과적으로 의사결정을 한다.[2]

그들은 자신의 시간이 어디에 사용되고 있는지를 파악하고 이를 체계적으로 관리할 뿐만 아니라, 모든 기획을 시간 계획에서부터 시작한다. 또한, 외부 기여에 초점을 맞추고, 자신의 강점을 바탕으로 성과를 창출한다. 우선순위에 모든 자원을 집중시키며, 목표 달성을 위한 효과적인 의사결정을 내린다.

가장 행복한 사람은 어떤 사람일까?

행복의 정의는 사람마다 다르기 때문에 이를 일반화할 수는 없다. 하지만 나는 이렇게 정의하고 싶다. 자신이 하고 있는 일이 재미있고, 그 일을 통해 목표를 달성하고 결과물을 만들어 낼 수 있는 사람이 가장 행복한 사람이 아닐까? 당신이 즐거워하고 재미있어 하는 일을 하면서 결과물까지 낼 수 있다면, 그보다 더 행복한 것이 있을까? 목표를 달성하고 결과물을 내는 사람은 자연스럽게 리더십의 위치와 기획의 역할을 맡게 된다. 이는 곧 조직 내에서 중요한 역할을 담당하게 된다는 것을 의미하며, 결과적으로 더 많은 경제적 보상과 개인적인 성취를 이룰 가능성이 커진다. 그리고 궁극적으로, 이러한 재능과 실력을 바탕으로 다른 사람들을 도울 수 있는 위치에 서게 된다. 누군가를 도울 수 있는 위치에 서게 되면 많은 생각이 바뀌게 된다.

"내가 이렇게 의미 있는 사람이구나."

"내가 누군가에게 도움을 줄 수 있는 사람이 되었구나."

이 순간 느껴지는 행복감은 매우 크다. 그런데 이러한 행복감은 조직 내에서도 경험할 수 있다. 그 방법이 바로 기획자, 리더십, 경영자, 지식 근로자가 되는 것이다. 내가 기획한 프로젝트가 조직의 성과로 이어진다면, 이는 조직에 대한 중요한 기여가 된다. 또한, 내가 리더로서 부하 직원들이 동기부여되고, 몰입하며, 성장할 수 있도록 돕는다면, 그것 역시 일종의 봉사이다. 가장 강력한 봉사는 나의 전문성을 기반으로 누구도 쉽게 할 수 없는 봉사를 하는 것이다. 따라서 전문성을 갖추는 것은 행복을 이루는 데 있어 아주 중요한 근간이 된다. 전문성을 통해 조직에 기여하고, 다른 사람들을 돕는 과정에서 느껴지는 의미와 성취감이야말로 진정한 행복의 원천이다.

나는 이 책을 통해 인생이 바뀌는 사람이 분명 있을 것이라 믿는다. 어느 날, 지하철이나 거리에서 나를 알아보고 다가와, "이 책 덕분에 인생을 바라보는 관점과 태도가 달라졌습니다."라고 말하며 반갑게 악수를 청하는 사람들이 나타날 것을 확신한다. 또한, 내가 어떤 기업에 강연을 하러 갔을 때, 기획자, 리더십, 경영자,

지식 근로자로서 멋진 커리어를 만들어가고 있는 사람들로 가득
찬 강연장을 보게 될 날을 기대한다. 그 변화의 주인공이 바로 당
신이 되었으면 좋겠다. 이 책이 당신의 삶과 일에 의미 있는 전환
점이 되기를 바란다.

DAY 1 '목표달성능력' 과제

 이형

> **Q** 이 책을 통해 얻고자 하는 목표는 무엇이고
> 그 이유는 무엇인지 작성해 보기

🗓 2024년 12월 2일 월요일 >

 chocho　　Youtube 댓글

> **A** 1. 스트리밍을 통해 얻고자 하는 나의 목표
> : 이직 후 이전과는 다른 직장 생활의 관점
> 2. 스트리밍을 통해 발견한 이유
> : 저의 5년 직장 생활은 누구든 대체 가능한 업무였습니다.
> 최근에 전직장 동료분들을 만나보며, 저의 업무를 인계 받은 분들이 훌륭
> 하게 수행하는 소식을 들었고, 결국 저 또한 대체되는 인력에 그쳤다는 것
> 을 깨달았습니다.
> 그래서 이직 후엔 이전과 다른 관점으로 업무를 임해야 롱런할 수 있겠다
> 는 생각을 갖게 됐고, 저의 이 생각을 스트리밍에선 '대체되지 않는 사람',
> 프로패셔널이라고 함을 알게 되어 목표로 삼게 됐습니다.

 불굴의오뚜기　　Youtube 댓글

> **A** 내가 하고 싶은 일, 다니고 싶은 직장에서 끝나는 것이 아닌 계속 나아가
> 갈수 있는 사람, 비전을 가진 사람이 되고 싶음.
> 이유, 목표에 얽매이지 않고 싶기 위해

Willow   Youtube 댓글

> **A** Mbti 극강의 P에 시간과 루틴 계획을 늘 하지만 지키거나 목표를 이루고 일을 마무리한 적이 거의 없습니다! 제 작은 목표(아침 루틴)이라도 지켜나가며 목표 달성 능력을 키우고 싶습니다!

 박*진   CHANGE UP 과제

> **A** AI가 발전하면서 대체되지 않는 사람에 대해 많이 고민했는데, 기획자가 그 답이라는 걸 알게 됐습니다. 단순히 일만 하는 게 아니라 큰 그림을 보고 목표를 이루는 사람이 진짜 필요하다는 거죠. 지금은 근로자지만, 저도 기획자 마인드로 살면서 대체 불가능한 사람이 되고 싶습니다.

🗓   Today 오늘 >

대체되지 않는 사람 **나**

♥ 7   👍 3

목표를 달성하는 지식근로자는
자신이 맡은 일부터 먼저 검토하지 않는다.
사용할 수 있는 시간을 먼저 고려한다.[3]

피터 드러커

DAY 02

시간관리

시간관리

지난 챕터에서는 대체되지 않는 사람의 첫 번째 습관으로 목표 달성 능력에 대해 이야기했다. 그런데 문제는 목표 달성이 뜻대로 잘 되지 않는 경우가 많다는 점이다. 계획은 서류로만 남고, 좋은 의도에 그치고 마는 경우가 많다. 따라서, 대체되지 않는 사람이 목표를 달성하기 위해 갖고 있는 두 번째 습관을 주목해야 하는데 그것은 바로 '시간관리'이다. 시간관리는 계획을 실행으로 옮기고, 목표를 현실로 만드는 핵심 도구다. 이를 통해 성과를 내는 사람과 계획에만 그치는 사람의 차이가 만들어진다.

성과를 내는 경영 리더는 맡은 과업들로부터 착수하는 것이 아니라 그들의 시간을 먼저 생각한다. 계획 수립부터 시작하는 것이 아니라 실제 시간이 어디에 할애되는지부터 파악한다.

자기경영노트 32p[4]

일을 잘하는 사람은 계획을 세울 때 무엇을 할 것인지부터 정하지 않는다. 일의 순서나 방식을 먼저 고민하는 일반적인 기획 방식과는 접근 방식이 다르다. 그들은 가장 먼저 시간을 계획한다. 어디에 얼마나 시간을 써야 할지 파악하고, 시간관리를 통해 비생산적인 요소들을 제거해 나간다. 즉, 일잘러는 시간을 기획하고, 시간을 통해 변화를 만들어내려는 노력을 한다.

앨빈 토플러Alvin Toffler는 그의 책『부의 미래』[5]에서 앞으로는 이런 것들을 가진 사람이 부를 가진 사람이라고 재정의했다. 기존의 현금, 주식, 부동산과 같은 자산이 무의미해진다는 뜻은 아니지만, 다가오는 시대에는 부의 기준이 되는 새로운 세 가지 개념이 등장한다고 주장한다.

1. 지식 / 정보

2. 시간

3. 네트워크

첫 번째는 지식과 정보이다. 앨빈 토플러는 지식과 정보가 다가오는 시대에 핵심적인 부의 요소로 자리 잡을 것이라고 말한다. 여기서 말하는 지식은 단순히 학력이나 학문적인 지식을 의미하지 않는다. 돈이나 가치를 창출해낼 수 있는 실질적인 능력이나 노하우를 뜻한다. 예를 들어, 부동산 시장에서 어느 지역이 개발될지 예측할 수 있는 관점을 가지고 있거나, 거시 경제를 이해하여 어떤 산업이 유망한지 판단할 수 있는 정보를 가진 사람이라면, 이 지식을 통해 돈과 가치를 창출해낼 수 있다.

두 번째는 시간이다. 자신의 시간을 통제할 수 있는 사람이 진정한 부자라고 말한다. 내가 원하는 시간에 필요한 일을 할 수 있는 삶이야말로 진정으로 행복한 삶이다. 앞으로의 부자는 단순히 돈이 많아서 부자가 아니라, 시간을 내가 계획하고 선택할 수 있는 사람이 부자가 될 것이다. 따라서 직장인의 경우에도 커리어를 만들어가는 과정 속에서 스스로 주도적으로 일할 수 있는 환경을 가진 회사를 선택하는 것이 중요하다.

마지막으로, 네트워크를 부의 중요한 요소로 언급하고 있다. 다양한 네트워크 속에서 공통의 주제를 중심으로 아이디어를 교류하고 공유할 수 있다는 사실이 부를 창출해낸다. 누구와 연결되어 있는가가 부의 본질을 바꾸는 시대가 도래한 것이다. 나 역시 지금 현재 다양한 네트워크를 구축하고 있다. 기업인과 CEO들의 네트워크, 인사 담당자들의 네트워크, 정책을 결정하는 분야의 네트워크 등 여러 네트워크를 구축하며 가치를 창출하고 영향력을 넓혀가고 있다.

이 세 가지 중에서 내가 가장 강조하고 싶은 것은 시간이다. 시간을 관리한다는 것은 무엇일까? 이는 지난 챕터에서 다룬 경영이라는 활동과 동일하다. 생산성을 높이는 것이다. 시간을 관리한다는 것은 단순히 시간을 잘 쓰는 것을 넘어, 인풋 대비 아웃풋을 극대화하는 것을 말한다. 피터 드러커는 시간을 관리하는 방법에 대해 세 가지로 딱 정리했다. 그것은 바로 (1)기록, (2)분석, (3)기획이다.

먼저 시간을 기록해야 한다. 당신은 시간을 기록하고 있는가? 시간은 곧 당신의 인생이다. 시간을 기록하지 않으면, 내 인생이 소멸되는 것과 같다. 시간이라는 자원은 매우 독특하다. 멍 때리고 있으면 저절로 소멸된다.

킬링 타임이라는 말이 있다. 하지만 시간을 죽이는 것은 자기 자신을 죽이는 것과 같다. 존재의 가치와 의미가 사라져 버리는 것이다. 따라서 내 시간을 기록하고 분석해야 한다. 시간을 기록하고 분석하는 과정을 통해 비로소 생산성의 개념이 잡히기 시작한다.

시간관리에는 분명한 목적이 있다. 그 목적은 우선순위에 시간을 배정하는 것이다. 지금 내 인생에서 우선순위가 무엇인지 분명히 아는 것, 그리고 그 우선순위에 시간을 집중적으로 배치하는 것이 시간관리의 핵심이다.

당신의 우선순위는 무엇인가? 당신의 인생을 한 발짝 뒤로 물러나 줌아웃해서 전체적으로 살펴보라. 지금 당신 인생에서 가장 중요한 것이 무엇인가? 그것이 바로 당신의 우선순위다. 우선순위는 사람마다 다르며, 옳고 그름을 따질 수 없다. 중요한 것은 "그 우선순위에 시간을 어떻게 기획하고 있는가?"이다.

회사 생활을 예로 들어보자. 회사에서 당신의 업무 우선순위는 무엇인가? 그 업무의 우선순위를 의도적으로 시간에 배정하고, 그 시간의 밀도를 높이는 것이 핵심이다. 우선순위에 시간을 집중적으로 배정하고, 그 시간을 활용해 성과를 만들어내는 사람이 바로 지식 근로자이자 프로페셔널이다.

시간관리가 아마추어와 프로를 가른다. 우선순위에 시간 배정을 하지 않는 사람은 결국 아마추어 인생으로 갈 수밖에 없다. 아마추어는 부가가치가 낮은 일을 하기 때문에, 당연히 연봉도 낮고 근무 여건도 좋지 않다. 이는 시간관리와 목표 달성의 부재에서 비롯된다. 따라서, 우선순위에 시간을 집중적으로 배정하고, 그 우선순위를 달성하는 것이 궁극적인 목적이다. 시간관리는 곧 목표 달성을 위한 도구이다. 목표를 달성하려면 반드시 시간 계획을 해야 한다.

그렇다면 당장 이 책을 읽는 동안 대체되지 않는 사람이 되기 위한 시간 계획은 무엇이어야 할까? 가장 먼저 해야 할 일은 독서와 피드백을 위한 시간을 명확히 배정하는 것이다. "시간이 남으면 봐야지."라는 생각은 이미 진정성도 없고, 우선순위가 아닌 것이다. 이런 방식으로는 어떤 목표도 달성할 수 없다. 우선순위를 분명히 정하고, 매일 일정한 시간을 확보하여 오직 이 활동에만 집중하는 것이다. 이러한 독서와 피드백은 단순한 활동을 넘어, 대체되지 않는 사람이 되기 위한 실질적인 행동이다.

시간관리에도 디테일이 있다. 시간을 기록할 때는 1시간 단위로 기록한다. 그 이상 세세한 내용을 기록할 필요는 없다. 시간관리의 궁극적인 모습은 덩어리 시간으로만 구성하는 것이다. 하루를 4~5가지의 활동으로 단순화하고 집중하는 방식이 이상적이다. 시간을 15분, 30분 단위로 잘게 쪼개지 말아야 하는 이유도 여기에 있다. 시간을 관리한다는 것은 단순히 많은 활동을 소화하는 것이 아니라, 내 삶에서 가장 중요한 우선순위와 목표를 달성하기 위해 가장 좋은 시간대를 확보하는 것이다.

시간관리의 핵심 원칙

1. 우선순위가 높은 활동에 덩어리 시간을 배정한다.
2. 하루 중 가장 에너지가 넘치고, 방해받지 않는 시간대를 활용한다.
3. 2~3시간 이상 연속적으로 몰입할 수 있는 환경을 만든다.

대체되지 않는 사람들은 항상 덩어리 시간을 사용하며, 그 시간을 가장 중요한 우선순위에 배정한다. 컨디션이 좋고 에너지가 넘치는 시간에 가장 중요한 일을 배치해 몰입의 질을 높인다. 이 방식을 꾸준히 반복하는 사람은 반드시 프로페셔널로 성장한다.

시간을 관리함에 있어 가장 세심히 들여다봐야 할 것은 낭비 시간이다. 하루의 시간을 기록한 후, 이를 세 가지 종류로 분류한다.

1. 가치 시간 : 목표와 직접 연결된, 가장 생산적이고 중요한 시간
2. 오버헤드 시간 : 어쩔 수 없이 사용하는 시간(이동, 대기, 반복 업무)
3. 낭비 시간 : 목표와 상관없거나 방해하는 시간(예: 미디어 시청)

사람마다 다를 수 있지만, 시간관리를 의식하는 사람 기준으로 보면 일주일 168시간 중 약 50%는 오버헤드 시간으로 쓰이고, 가치시간은 약 20%, 낭비 시간은 약 30% 정도 사용된다.

즉, 전체 시간의 절반 정도는 어쩔 수 없이 사용하는 오버헤드 시간이 가장 많다. 회사에서 요구받는 대다수의 업무가 바로 이 오버헤드 업무에 해당된다. 반면, 가치 시간은 약 20% 정도만 되어도 훌륭한 시간관리라고 볼 수 있다. 이 시간은 뭔가를 기획하고, 변화를 추구하며, 피드백하는 활동에 해당된다. 다시 말해, 목표를 달성하는 시간이다.

이 내용들은 각각 1시간 이상 강의할 수 있을 정도로 깊이 있는 주제이므로, 처음에는 어렵게 느껴질 수 있다. 그러나 하나씩 차근차근 실행해 보면 된다. 가장 먼저 해야 할 일은 시간 기록이다. 낭비 시간이 몇 퍼센트나 되는지 분석해 보는 것으로 시작하자. 책에서 제공되는 시간관리 템플릿을 활용하거나, 구글 캘린더와 같은 도구를 사용해도 좋다. 중요한 것은 1시간 단위로 당신의 시간을 기록해 보는 것이다. 만약 1시간 동안 여러가지 활동을 했다면 '기타' 시간으로 표기할 수도 있다 그러나 한 가지 활동을 1시간 정도 집중해서 하는 훈련을 해보는 것이 좋다. 이것이 바로 시간관리의 핵심 포인트이다.

주도적으로 살아야 한다. 주도적으로 내가 의미 있다고 생각하는 것에 과감하게 도전하는 당신이 되기를 바란다.

"내 시간을 기록해 봐야겠구나."
"내 시간에 낭비 시간은 얼마나 있을까?
그리고 낭비를 없애려면 내일 나의 시간은 어떻게 바뀌어야 될까?"

이 정도면 충분하다. 이 정도의 생각이 시작되었다면, 이 책이 해야 할 역할은 충분히 다 했다고 말할 수 있다. 생각을 실행으로 옮기는 것은 이제 당신의 몫이다.

DAY 2 '시간관리' 과제

 이형

Q QR 코드를 통해 시간기록표를 작성해 보고 나의 낭비시간을 분석해보기

📅 2024년 12월 3일 화요일 >

 냐망　Youtube 댓글

A 나름 계획형 인간으로 여행을 가도 시간단위로 계획을 하는 편인데, 어제
만 해도 뉴스본다고 저녁에 계획한 일을 제대로 마치지 못하고 잠들었네
요 ㅜㅜ
계획간 일정 사이사이에 카톡도 하고 웹툰도 보고... 특히 필요한 정보 얻
으려고 들어간 인터넷 카페에서 다른 글에 관심을 뺏겨 시간을 많이 허비
하고 있는 걸 알았습니다.

 양노티　Youtube 댓글

A 스트리밍 전부터 '시간에 휘둘리지 말고, 내가 시간의 주인이 되자."는 모
토를 갖고 타임 트래킹을 해오고 있었습니다. 정말 간단한 일 하나조차 수
행하는데 얼마나 걸리는지 모르고 있었다는 거에 1차 충격, 이렇게 시간을
허비하고 있었구나 2차 충격 받고 매일 다이어리 쓰면서 관리하려고 한
단계씩 나아가고 있습니다.

정*연   CHANGE UP 과제

🅰 잠을 좀 줄이고, 휴대폰 시간을 줄이면 계획했던 일들을 다 끝낼 수 있을 것 같다. 앞으로는 계획했던 모든 일에 시간을 배정하고 가치 시간, 오버헤드 시간, 낭비 시간에 대해 분석하며 시간을 효율적으로 사용할 것이다.

이*완   CHANGE UP 과제

🅰 평소에 항상 시간이 없다고만 생각하면서, 오버헤드 시간을 줄여보려고만 했는데, 막상 생각해보니 휴식을 핑계로 늘어지는 낭비 시간을 줄여보는 게 가장 중요할 것 같다..! 지금까지는 시간 기록을 계획 용도로 많이 썼는데, 지난 시간을 기록해보면서 분석하는 습관을 들여야겠다.

🗓   Today 오늘 >

대체되지 않는 사람 **나**

❤ 7 👍 3

43

내가 속해 있는 조직의 성과와 결과에
큰 영향을 미치는 것으로서,
내가 공헌할 수 있는 것은 무엇인가? [6]

피터 드러커

공헌

공헌

우리가 취업이나 이직을 하고자 하는 이유는 다양하다. '돈을 벌어야 하니까', '더 큰 영향력을 갖고 싶어서' 등 다양한 이유가 자기소개서의 지원 동기로 표현되곤 한다. 하지만 대체되지 않는 사람의 목표는 이보다 더 근본적이다. 이들의 목표는 바로 '공헌'이다. 공헌이라는 개념은 피터 드러커가 강조한 사상과 철학의 정수라고 할 수 있다.

"내가 이 조직에 어떤 공헌을 할 수 있는가?"

이 질문 속에 대체되지 않는 사람의 진정한 목표가 담겨 있다. 자기소개서와 면접에서 우리가 접하는 '지원 동기' 항목의 정답이 있다면, 바로 이 '공헌'이라고 말하고 싶다. 우리가 회사에 지원하는 이유는 단순히 일을 하기 위해서가 아니라, 공헌하기 위해서이다. 공헌이라는 개념이 머릿속에 분명히 자리 잡아야 한다. 내가 무엇을 공헌할 수 있는지, 그리고 그것이 회사와 자신에게 어떤 가치를 창출할 수 있는지를 이해하는 것이 지원 동기의 핵심이다.

세상에는 참 많은 기술자와 전문가들이 있다. 그들은 많은 일들을 성공적으로 수행해 내는 사람들이다. 그러나, 그들이 하는 일이 단순히 주어진 일을 수행하는 데 그치는지, 아니면 진짜 결과를 바꾸어 내는지는 완전히 다른 이야기다. 실제 변화를 만들어 내는 사람들은 단순한 수행자가 아니라, 공헌을 목표로 하는 사람들이다. 그들은 자신의 역량과 노력을 통해 조직과 사회에 가치를 창출하고 변화를 이끌어내는 사람들이다.

1. 당신은 자신의 지원 동기에서 공헌을 연결시킬 수 있는가?
2. 어떤 회사에 지원할 때, 당신이 어떤 공헌을 할 수 있는지를 설득력 있게 설명할 수 있는가?

이것은 정답이 있는 주제가 아니다. 공헌은 단순한 답변으로 끝나는 것이 아니라, 계속해서 고민하고 생각해야 할 주제이다. 이 질문에 대한 답을 찾으려는 과정이 곧 대체되지 않는 사람으로 성장하는 첫걸음이다.

최악의 직장생활

당신이 생각할 수 있는 최악의 직장생활은 무엇인가? 최악의 상사를 만나는 경우? 벽에다가 이야기하는 것처럼 소통이 안 되는 곳? 피터 드러커가 말하는 최악의 직장 생활을 쉽게 정리하면 다음과 같은 세 가지이다.

1. 정해진 일을 정해진 시간에 정해진 방법으로만 해야 하는 직장
2. 하향식(탑다운) 의사소통만 존재하는 직장
3. 따뜻한 감정과 유쾌한 농담만 존재하는 직장

첫 번째는 정해진 일을, 정해진 시간 내에, 정해진 방법으로만 해야 하는 직장이다. 단언컨대 이것이 최악의 직장이다. 이미 답이 정해져 있고 내가 할 수 있는 것은 아무것도 없다. 이는 마치 산업 시대의 컨베이어벨트와 같다. 그 안에서 개인은 단지 매뉴얼을 따르는 역할만 수행할 뿐이다. 매뉴얼로 모든 것이 운영된다면, 나

는 완벽히 대체될 수 있는 사람이라는 뜻이다. 정해진 틀에 갇혀 기계처럼 일하는 환경이야말로 최악의 직장 생활을 만든다.

따라서 정해진 업무만이 아닌, 새로운 일을 제안하고 수행할 수 있어야 한다. 이는 곧 내가 자유롭게 아이디어를 내고 실행할 수 있는 여지가 있다는 뜻이다. 정해진 시간 내에만 일하지 않는다는 것은 내가 탄력적으로 내 시간을 설계할 수 있다는 뜻이다. 또한, 정해진 방법이 아닌 새로운 방법을 제안할 수 있는 환경이 마련되어 있는 것도 중요하다. 지금은 모든 것이 빠르게 변화하고 있다. AI가 도입되고, 새로운 기술, 새로운 프로세스, 그리고 새로운 패러다임이 지속적으로 등장하고 있다. 작년까지는 정답이었던 방식이 지금은 유효하지 않을 때도 많다. 그럼에도 불구하고, 정해진 방법만을 요구받고, 뭔가 이게 답이 아니라고 느껴지는데도 계속 그 방식으로 일을 해야 하는 상황이라면, 이는 최악의 직장 생활이 될 수 있다.

두 번째는 하향식 탑다운 의사소통을 하는 직장이다. 지금 이 시대는, 하향식 커뮤니케이션만으로는 구성원들의 몰입과 집중력을 끌어내기가 매우 어려운 시대가 되었다. 사람들은 단순한 지시에 그치는 것이 아니라, 스스로 제안할 수 있는 여지를 갖기를 원한다. 내가 제안할 수 있는 룸Room이 열릴 때, 진정한 몰입과 동기가 생긴다. 우리는 왜 이걸 해야 되는지 이해가 되어야 비로소 열심히 할 수 있고, 내가 직접 제안한 것들에 대해 더욱 몰입할 수 있다. 그래서 이 하향식 커뮤니케이션으로만 운영되는 회사는 여러 가지로 우리를 지치고 병들게 한다. 그런데 놀라운 것은 이런 이야기를 피터 드러커는 1960년대에서 70년대 때부터 시작했다는 것이다. 당시는 산업 성장의 전성기였으며, 정해진 방식과 시간 효율이 가장 중요한 가치로 여겨지던 시기였다. 그러니까 정해진 일을 정해진 시간안에 정해진 방법으로 해야만 하는 시대였음에도 불구하고 피터 드러커는 정 반대되는 메시지를 한 것이다.

세 번째로 피터 드러커는 따뜻한 감정과 유쾌한 농담으로 이루어지는 인간관계가 최악이라고 말한다.[7] 심지어 그는 이를 상호 기만적인 행동이라고까지 표현했다. 나는 이것이 피터 드러커의 마인드셋을 이해하는 핵심 키라고 본다.

그렇다면 그는 왜 이렇게까지 표현했을까? 물론 따뜻한 감정이나 유쾌한 농담이 나쁘다는 것은 아니다. 그러나 우리가 여기에 모인 이유, 이곳에서 지금 팀을 이루고 있는 목적은 그것이 아니라는 것이다. 피터 드러커는 더 중요한 것이 있다고 강조한다. 그것은 바로 고객의 문제를 해결할 책임과 공헌에 대한 책임이다. 문제는, 유쾌한 농담과 가벼운 대화가 더 중요한 것을 망각하게 만든다는 데 있다. 이런 의사소통이 팀의 목적을 흐리게 하고 집중력을 약화시키기 때문에 드러커는 이를 상호 기만적이라는 표현과 함께 '가면 무도회'에 불과하다고 까지 아주 혹평을 했다. 결국 드러커는 우선순위의 문제를 지적하고 있는 것이다. 조직이 존재하는 이유와 직업이 존재하는 이유는 단순히 돈을 벌기 위해서가 아니다. 사회에 공헌하기 위해서다. 그래서 돈 버는 것에만 급급한 사람은 2류나 3류 수준에 머물 수밖에 없다. 진정한 프로페셔널은 돈을 버는 것을 넘어서 사회에 가치를 창출하고 공헌하는 사람이다.

하지만, 만약 회사에 들어갔더니 '정해진 일을 정해진 시간에 정해진 방법으로만 하네?' 이런 상황을 발견했다고 바로 퇴사하라는 것은 아니다. 대신, 그곳에서 내가 어떤 공헌을 할 수 있을까? 이 질문에 대한 깊은 고민을 해보라는 것이다. 그리고 하향식 커뮤니케이션이 있다 하더라도, '어떻게 수평적 커뮤니케이션을 만들어낼 수 있을까?' 이 고민을 통해 공헌의 관점을 찾는 것이 중요하다. 또한, 따뜻한 감정이나 유쾌한 농담이 직장 내에 있더라도, 더 본질적인 주제와 가치를 가지고 이야기할 수 있는 직장생활을 만들어 나간다면, 나는 그것이 몰입할 수 있는 직장생활이라고 말하고 싶다. 그리고 이런 마인드 세팅이 머릿속에 딱 정리되고 나면,

취업이 잘 될 수밖에 없다. 왜냐하면, 면접에서 러브콜을 받을 수밖에 없는 마인드셋이 지금 막 심겨지고 있기 때문이다.

공헌이 만드는 변화

이렇듯 계속 공헌에 집중하면 저절로 많은 것들이 해결이 된다.

첫 번째 변화는 의사소통이 생산적으로 바뀐다. 공헌과 상관없는 대화를 전부 구조조정할 수 있기 때문이다. 공헌의 관점이 명확한 사람은 상대와 대화할 때, 그가 비난하려는 것인지, 남 탓을 하는 것인지, 혹은 단순한 변명을 하는 것인지 금방 파악할 수 있다.

진짜 공헌하려는 사람은 전혀 다른 태도를 보인다. 그들은 계속 무언가를 해야 한다고 주장한다. "이렇게 바꿔보자.", "이 그림이 완성되면 우리 조직이 진짜 바뀌지 않을까?" 이처럼 공헌의 관점을 가진 사람들은 해결책을 제안하고 변화에 집중한다. 그들의 대화는 건설적이며 앞으로 나아가는 힘을 갖고 있다.

두 번째 변화는 상사와 진정으로 수평적인 관계가 된다. 수평적인 관계는 단순히 영어 이름을 부르거나 직급을 없앤다고 만들어지는 것이 아니다. 진정한 수평 관계는 상사와 나의 고민의 수준이 같아지는 것에서 비롯된다. 왜 공헌에 집중하면 상사와 수평적인 대화가 될까? 그 이유는 상사 역시 공헌을 강요받고 있기 때문이다. 위로 올라갈수록 더 큰 공헌을 강요받는다. "너는 대체 월급 왜 받아?", "너 그 자리에 왜 있어?" 이러한 요구를 상사는 끊임없이 받는다. 상사는 자신의 성과뿐만 아니라 팀의 성과를 통해 조직에 공헌해야 한다는 압박을 받기 때문에, 공헌의 관점을 공유하는 사람과 자연스럽게 동등한 고민을 나누게 된다. 결국, 공헌의 관점을 가질수록 상사와 같은 레벨에서 고민하고, 함께 문제를 해결하려는 파트너십이 형성된다.

마지막으로, 공헌에 집중하면 자기개발의 주제가 명확해진다. 공헌을 목표로 삼으면 자연스럽게 자신의 부족한 부분이 보이게 된다. "내가 공헌을 해야겠는데 이 능력이 없구나.", "내가 이런 부분을 진짜 못하는구나." 이런 깨달음이 생기면, 퇴근 후에도 더 공부하고 관련된 사람들을 만나봐야겠다는 에너지와 동기가 생긴다. 공헌을 목표로 삼는 사람은 단순히 업무를 수행하는 데 그치지 않고, 자신의 능력을 끊임없이 점검하며 발전시킨다. 새로운 전문성을 갖춰가기 위해서는 어떤 내면의 초점이 필요한데, 그것을 가장 빠르게 설정하고 실행하는 방법이 바로 공헌에 집중하는 것이다. 공헌은 방향을 명확하게 만들어주고, 그 방향에 맞는 역량을 키우는 동기를 끊임없이 제공한다.

결론적으로, 이 세 가지를 실천하다 보면 회사 생활이 완전히 바뀐다. 답변만 하는 것이 아니라, 질문과 제안을 더 많이 하게 된다. 이것이 바로 일 잘하는 사람의 특징이다. 반면, 일을 못하는 사람 혹은 수동적인 사람들의 특징은 답변만 한다는 점이다. 답변만 한다는 것은 기다리고 있는 것이다. "상대방이 이걸 물어보면 내가 뭐라고 답변하지?", "저걸 시키면 내가 어떻게 대응하지?" 이처럼 수비적으로 계속 대응만 하다 보니 방향성이 없고, 이것저것 많은 일들을 하면서 에너지를 낭비하게 된다.

질문과 제안을 하는 사람은 스스로 방향성을 제시한다. 그들은 목표와 방향을 명확히 하고, 공헌을 중심으로 행동하기 때문에 에너지를 낭비하지 않고 핵심적인 성과를 만들어낸다. 수비적인 대응에서 벗어나, 공헌과 가치를 창출하는 태도로 변화하는 것이 일 잘하는 사람의 본질이다.

이런 관점을 함께하는 사람들이 모이기를 꿈꾸고, 당신이 그런 사람들과 계속 교류하기를 바란다. 비록 지금 내가 대단한 공헌의 위치에 있지 않더라도, 이런 가치에 동의하는 사람들이 점점 늘어나기를 바란다. 공헌의 가치를 공유하는 사람들과 네트워크를 형성하고 교류하라. 인생을 살아가다 보면 모든 사람과 잘 지낼 필요는 없다는 것을 깨닫게 된다. 인간관계에도 구조조정이 필요하다. 평생 친구가 될 줄 알았던 사람이 결국 그렇지 않은 경우가 많다. 따라서 기왕이면 같은 가치를 가진 사람들과 공동체를 이루어라. 이것이 지금과 같은 혼란스러운 시기를 살아낼 수 있는 거의 유일한 방법이다. 공헌의 관점을 가진 사람들과 연결되고 함께 성장하라. 이것이 대체되지 않는 사람으로 살아가는 가장 확실한 방법이다.

대체되지 않는 사람
DAY 3 '공헌' 과제

 이형

Q 누군가에게 공헌해 보고 느낀 점 댓글로 남기기

📅 2024년 12월 4일 수요일 >

 sm k Youtube 댓글

A 카페알바 하면서 키오스크에 어려움을 겪는 노인분들께 키오스크 사용법을 알려드렸습니다. 기술 발전으로 인해서 노인분들께서 점점 어려움이 많아지는 때라고 생각하는데 도움을 드릴 수 있어 기뻤고 어르신분들께서도 많이 감사해주셔서 세상을 조금이라도 따뜻하게 만든 것 같아 뿌듯했습니다.

 인자강 이경 Youtube 댓글

A 맨날 보던 지하철역 옆 노숙자에게 소시지 빵을 2개 사드리고, 일을 구할 수 있게 벼룩시장 구직신문과 돋보기, 전화할수 있도록 동전을 드렸다. 한번도 해보지 않은 거라 용기가 좀 많이 필요했는데, 막상 하고 나니 뿌듯했다. 그런데 해보고 나니, 노숙자랑 대화를 한번도 안해봐서 그들이 원하는 게 뭔지 정확하게 몰랐다. 단순히 먹을 것을 제공하는 것이 아니라 원하는 것을 제대로 분석하지 않으면 도와주려던 마음이 그들이 더 힘들게 될 수 있겠다 생각했다.

Stebia   Youtube 댓글

🅐 어머니를 대신해 오랜만에 저녁을 차렸습니다. 솔직히 좀 귀찮았고 처음 만들어 본 요리라서 과정이 쉽지 않았지만 그래도 다들 맛있게 드셔서 뿌듯했습니다. 가족에게 공헌할 수 있는 저 나름의 방법을 이번 기회에 찾은 것 같아서 좋습니다.

세각비   Youtube 댓글

🅐 짧은 창업경력이 있었습니다. 운영하던 가게를 넘겨주고 나서, 양수자가 해당 업종에 대한 경험이 아예 없다는 사실을 알게 되어, 약 2주간에 걸쳐 신입 아르바이트생 교육 수준으로 디테일한 교육을 해드리고, 메뉴얼을 다시 깔끔하게 정리하여 전해드렸습니다. 기존에 있던 레시피만 문서상으로 전해드렸어도 됐지만, 이러한 경험으로 제가 운영하던 가게의 레시피를 거의 정확하게 구현해내실 수 있는 모습을 보고 보람참을 느꼈습니다.

🗓   Today 오늘 >

대체되지 않는 사람 **나**

♥ 7   👍 3

강점만이 결과를 창출한다.
약점이 없다는 것만으로는
아무것도 생산하지 못한다.[8]

피터 드러커

강점

강점

    강점은 회사에서의 업무 수행은 물론 인생 전반에 걸쳐 결정적인 역할을 한다. 자신의 강점을 명확히 깨닫게 되면 삶의 방향성이 선명해진다. 회사에서는 어떤 방식으로 기여할 수 있을지, 어떤 식으로 소통해야 하며, 누구와 협력해야 할지가 명확하게 보인다. 강점이 내 안에서 정리되기 시작하면, 회사뿐만 아니라 가족, 동아리, 또는 다양한 커뮤니티에서도 내 강점을 바탕으로 기여와 공헌을 할 수 있다.

강점에 대해 이해하기 위해 중요한 요소 중 하나는 팀워크이다. 그렇다면 팀워크의 본질은 무엇일까? 많은 사람들은 의사소통을 가장 중요한 요소로 꼽을 것이다. 그러나 팀워크에서 의사소통은 분명 중요한 역할을 하지만, 동시에 어떤 면에서는 핵심이 아닐 수도 있다.

피터 드러커는 팀워크를 고려할 때, 사람들이 흔히 묻는 질문이 "그 사람과 잘 지낼 수 있을까?"라는 점을 지적한다. 이는 관계에 대한 질문이다. 그러나 드러커는 이보다 더 본질적인 질문을 던져야 한다고 강조한다. "그 사람이 어떤 공헌을 할 수 있는가?"가 바로 그 질문이다.[9] 이 관점을 가지면, 팀워크는 단순히 원만한 관계를 유지하는 것이 아니라 각자의 강점을 결합하여 더 큰 성과를 만들어내는 과정임을 이해하게 된다.

이러한 관점을 이해하면, 면접이나 자기소개서에서 팀워크 관련 질문에 효과적으로 답변할 수 있다. 일반적으로 대다수의 지원자들은 의사소통에 초점을 맞추어 "의사소통이 잘 되는 것이 중요하다."와 같은 다소 일반적이고 뻔한 답변을 하곤 한다. 그러나 이 개념을 깊이 이해한 사람은 전혀 다른 접근을 하게 된다. 팀워크의 핵심은 강점을 결합하여 공헌하는 것이며, 의사소통은 이를 효율적으로 실행하는 도구일 뿐이다. 이 관점이야말로 팀워크를 바라보는 본질적인 개념이다. 팀워크는 강점의 결합이다. 팀워크의 궁극적인 목적은 개인 혼자서 이루기 어려운 목표에 도전하고 성과를 창출하기 위한 것이다. 가장 이상적인 팀은 각자의 강점을 결합하여 마치 슈퍼맨과 같은 능력을 만들어내는 팀이다. 분석과 전략에 강점을 가진 사람, 의사소통에 뛰어난 사람, 그리고 창의적으로 컨셉을 잡는 데 강점을 가진 사람이 함께 모이면, 이들은 서로의 강점을 극대화하며 약점을 보완할 수 있다.

  피터 드러커는 인사 배치를 할 때 강점을 기준으로 하지 않고, 전인적 인간이나 원만한 성격 따위를 강조하는 사람들을 강하게 비판했다. 그는 이러한 접근이 한 분야에 몰입하여 남들이 이루지 못하는 성과를 만들어내는 사람들에 대한 일종의 질투심에서 비롯된 것이라고까지 지적한다.[10] 이는 곰곰이 생각해 볼 만한 주제다. 강점 중심 사고란, 개인의 고유한 개성과 특수성을 존중하고 받아들이는 태도이다. 각자가 가진 강점을 인정하고 이를 바탕으로 성과를 극대화하는 것이 진정한 인사 관리의 핵심이라는 것이다. 따라서 조직의 인사 배치는 사람들의 강점을 중심으로 설계되어야 하며, 개개인의 독특한 역량을 살릴 수 있는 환경을 조성하는 것이 성과를 높이는 길이다. 이는 단순한 인간관계의 원만함보다 실질적인 성과와 기여를 중시하는 현대 경영 철학의 핵심이라 할 수 있다.

일을 못하는 사람들은 대부분 약점에 집착한다. 약점 때문에 상처를 받고 스스로를 자책하며 힘들어한다. 그러나 우리는 강점에만 집중해야 한다. 약점은 거들떠도 보지 말라. 그냥 잊어버려도 그만이다. 어차피 약점은 보완이 되지 않는다. 만약 보완해서 해결할 수 있는 것이었다면, 애초에 약점이라고 불리지도 않았을 것이다. 나의 약점이 무엇인지 인식하는 정도면 충분하다. 약점을 인식해야 되는 이유가 있다면, 내가 어떤 부분에 구멍이 있다는 것을 알아야 그 영역의 강점을 가진 사람과 팀워크를 이루어서 보완할 수 있기 때문이다. 그러나 그 약점에 집착하며 불필요하게 에너지를 소모할 필요는 없다.

반면 절대 잊어서는 안 되는 것은 강점이다. 강점에 더 집중하고, 이를 어떻게 극대화시킬 수 있을지에만 에너지를 쏟아야 한다. 이것이 피터 드러커의 핵심 조언이다. 약점을 보완하는 데는 막대한 에너지가 필요하고, 그 과정조차 성공하기가 쉽지 않다. 반면, 강점을 더 극대화시키는 것은 적은 에너지로도 높은 성과를 만들어낼 수 있다. 생산성의 관점에서 비교 자체가 되지 않는다. 결국 약점을 보완하는 데 시간을 낭비하기보다는, 강점을 강화하는 데 자원을 투자하는 것이 훨씬 더 전략적이고 효과적인 선택이다.

우리는 뿌리 깊게 약점 중심의 사고를 한다. 수능 점수를 통해 사람을 평가하는 우리나라 교육의 한계 때문이다. 이런 근대화된 교육 시스템 자체가 인류 역사상 도입된 지 얼마 되지 않은 새로운 방식이다. 근대화된 교육이라는 게 무엇인가? 표준점을 정해놓고, 그 기준에 가장 근접한 사람들을 우수한 인재로 평가하는 것이다. 여기에는 평균의 오류가 발생한다. 예를들어 수학에 강점이 있다고 수학만 공부한다면 전체 내신 성적이 망가질 수밖에 없는 것처럼, 우리는 약점을 보완하는 방식으로 십 수년간 훈련받아 왔다. 그 결과, 점수는 높고 문제 풀이 능력은 뛰어난데 실제 인생이 무너지는 경우도 적지 않다.

따라서 이 관성을 극복하기 위해서는 강점 중심 사고를 아주 의지적으로 해야 한다. 내가 남보다 조금이라도 나은 게 있다면 그것만 해라. 남보다 못하는 것을 보완하려고 하는 것 자체가 전략적이지 않다. 정말 전략적인 것은 남들보다 나은 걸 발견해서 그걸 더 극대화시키는 것이다. 이것이 강점 중심 사고이다.

강점을 알아야 팀워크로 일할 수 있고, 강점을 알아야 다른 사람을 동기부여시킬 수 있다. 만약 당신이 리더십의 역할을 맡고 있다면, 부하직원의 강점을 발견해 주는 것이 매우 중요하다. 단순히 위로와 격려만 해서는 안 된다. 그 사람의 강점을 발견해 주고 강점으로 일할 수 있는 환경 속으로 밀어 넣어줘야 된다. 그래서 그 사람이 성공 경험을 하게되면 그때부터 자신감이 생긴다. 그 뒤로는 위로 같은 게 필요가 없다. 계속해서 동기부여만 해주면 된다. "네가 하니까 확실히 달라지네." "이건 네가 해야 돼." 이처럼 강점에 맞는 역할을 배치해 주는 것이 리더의 정말 중요한 역할이다.

강점을 발견하는 기준

사람들은 흔히 "저 사람은 이런 잠재력이 있기 때문에 이런 강점이 있을 것 같아."라고 이야기한다. 그러나 피터 드러커는 강점을 판단할 때, 잠재력에 의존하지 말라고 경고한다.[11] 잠재력이 있다는 이유만으로 강점을 평가하는 것은 위험하다. 실제 비즈니스 현장에서는 너무나도 다양한 변수와 환경이 존재하기 때문이다.

예를들어, 내가 사람을 뽑고 비즈니스를 하면서 가장 많이 느끼는 의외의 사실은 부모님과의 관계가 그 사람의 실적에 지대한 영향을 미친다는 사실이다. 이는 현장에서 수없이 경험한 결과다. 부모님과의 관계에서 생긴 상처나 낮은 자존감은 시간이 지날수록 점점 더 극대화되며, 결국 실적과 성과에도 영향을 미치게 된다. 관계는 강점이 안정감을 가지고 꽃을 피우는 데 중요한 역할을 한다. 부모님과 건강한 관계를 가진 사람이 자신의 강점을 더 잘 발휘할 수 있고, 반대로 관계가 불안정할수록 강점도 불안정하게 작동한다. 이처럼 잠재력이라는 막연한 기준으로 사람을 평가하기에는 너무나도 다양한 변수가 작용한다.

결국 잠재력은 하나의 가설일 뿐이다. 피터 드러커는 이를 두고 "강점은 철저하게 실적을 근거로 판단해야 한다.[12] 실적이 없는 강점은 허상에 불과하다."라고 강조했다. 강점은 구체적인 결과물과 실적을 통해서만 검증된다. 다시 말하면, 어떻게 내 강점을 발견할 수 있느냐? 내가 남들보다 나은 성과를 냈던 경험에서 강점을 찾아야 된다.

강점을 발견할 수 있는 좋은 방법은 어떤 특정한 과제를 마칠 때마다 강점에 대한 진단을 하는 것이다. 아주 심플하다. 만약 내가 맡은 과제가 계획대로 잘 진행이 되었고, 성과를 냈다면 함께 일한 동료에게 이렇게 물어보라. "내 강점이 뭔 것 같아요?" 같이 일했던 사람이나 함께 무언가를 고민했던 사람에게 모든 과제가 끝난 후 물어보라. 또는 회사에서 어떤 프로젝트가 끝나고 나면 상호 피드백을 나누는 시간을 가져보라. "내가 보기에 당신의 강점은 이런 것 같아요. 이런 부분에서 진짜 제가 큰 도움을 받았어요. 그런데 저의 강점은 무엇인 것 같아요?"라고 물어보는 것이다. 그러면 예상치 못했던 단어들이 그들의 입을 통해 나오게 된다.

"너는 이런 건 진짜 다른 사람보다 잘하는 것 같아."

이는 내가 미처 생각하지 못했던 나의 강점과 능력을 타인의 시각에서 새롭게 발견할 수 있는 기회가 된다. 강점은 스스로 찾는 것뿐만 아니라, 함께 일하는 사람들의 평가와 의견을 통해 더욱 구체화되고 명확해질 수 있다.

상대방은 평소에 깊이 고민해 보지 않았더라도 잠시 생각한 후 답변을 해줄 것이다. 그러나 경우에 따라 즉석에서 답변을 주지 못하거나 도저히 모르겠다고 말하는 사람도 있을 수 있다. 그런 상황에서는 내가 생각하는 나의 강점을 몇 가지 적어 놓고, "이 중에 어떤 것이 가장 나의 강점 같나요?"라고 질문할 수 있다. 또는 "저 사람은 나에 대해서 이렇게 이야기하던데, 동의가 되시나요?" 라고 물어보는 것도 좋은 방법이다.

이런 대화를 하는 것 자체가 서로 신뢰를 쌓고 긍정적인 인간관계를 맺는 과정이 된다. 그러면 그 뒤로 함께 또 일을 할 때 '아, 저 사람이 이런 강점이 있었으니까 이런 부탁을 해야겠다.'라는 식으로 인식하면서 일할 수 있게 된다.

이렇게 여러 사람들에게 물어보다 보면 반복되는 키워드를 발견할 수 있다. 이 반복되는 키워드는 나의 강점을 명확히 정의해 주는 단서가 된다. 이를 바탕으로 "내가 이 강점을 가지고 다음엔 이렇게 한번 일을 해봐야겠다."라고 구체적인 계획을 세워보는 것이다. 이것이 잠재력을 강점으로 발전시키는 아주 중요한 방법이다.

탁월한 팀장은 팀원들이 서로의 강점을 자연스럽게 발견하고 피드백할 수 있는 장을 마련해 주는 역할을 한다. 리더가 직접 팀원들의 강점을 일방적으로 규정하는 것이 아니라, 상호 피드백을 통해 서로의 강점을 인식하고 발전시킬 수 있도록 돕는 것이 중요하다.

흔히 바둑을 둘 때 훈수 두는 사람이 더 명확하게 수를 볼 수 있다고 하지 않는가? 마찬가지로, 내가 나 자신을 바라볼 때는 보이지 않던 강점과 약점이, 남을 바라볼 때는 객관적으로 더 잘 보일 수 있다. 리더는 이 과정을 자연스럽게 이끌어가며, 팀원들이 서로의 강점을 통해 자신감을 얻고 동기부여가 될 수 있는 환경을 조성해야 한다. 결국, 탁월한 팀장은 강점을 발견하고 키워주는 시스템을 구축하는 사람이다.

누구나 강점을 가지고 있다. 이것은 피터 드러커를 비롯한 모든 강점 연구자들의 공통된 전제 조건이다. 모든 사람은 강점을 가지고 있지만, 자신의 강점을 정확히 아는 사람과 그렇지 않은 사람이 있을 뿐이다. 이 책을 통해 자신의 강점에 대한 작은 단초라도 발견할 수 있다면, 그것만으로도 당신은 성공의 발판을 마련한 것이다.

강점을 활용하기 시작하면 인생은 근본적으로 바뀌게 된다. 자신의 강점을 명확하게 알게 되면 전략을 개발할 수 있고, 일하는 시간도 줄어든다. 일 자체가 더 재미있어지며, 성과를 내는 즐거움을 느끼게 된다. 더 나아가 리더십까지 개발되어, 다른 사람들에게 긍정적인 영향을 끼치며 함께 성장하는 경험을 하게 된다. 강점은 일과 삶의 방식을 근본적으로 변화시키는 열쇠다. 이 책이 그 열쇠를 찾는 여정에 의미 있는 가이드가 되기를 바란다.

대체되지 않는 사람

DAY 4 '강점' 과제

 이형

> **Q 나의 강점에 대해 다른 사람들에게 물어보고 키워드와 경험을 댓글로 달기**

📅 2024년 12월 5일 목요일 >

 톱 유 Youtube 댓글

A - 키워드 : 완벽주의 성향, 파고들기 - 물어본 대상 : 친구
- 강점 : 저의 강점은 한 번 시작하면 독하게 마음먹고, 파고든다는 점이라고 합니다.
- 경험: 대학교 때 다른 더 좋은 환경에서 공부를 하고 싶어서, 편입 준비를 했던 경험이 있고, 결과 또한 합격했던 경험이 있습니다.

 heeG Youtube 댓글

A - 강점: 우선순위 따져서 일 배치하고 효율적으로 일하는 것 & 하고자 하는 것에 몰입함
- 물어본 사람: 전 직장 동료 2명 + 남자친구
- 경험: 직업 특성상 변경이 잦고 중간에 트러블이 생기는 경우가 많다. 이때, 주어진 일정 (주로 2주) 내에 목표를 달성하기 위해 임팩트가 있는 작업을 먼저 선별하고, 팀원들에게 제안하는 걸 맨날 함. 이형님이 매일 강조하시는 고객 관점으로 고객한테 제일 큰 임팩트를 줄 수 있는지를 기준으로 판별하는 것 같아요.

제임스   Youtube 댓글

Ａ 꾸준함 (성실함): 같이 일하는 동료에게 물어보았습니다. 저는 말해준 강점이 다른 사람과 비교하면 부족하다고 생각하였는데 말해주는 것을 보고 약간의 의심(?)과 뭔지 모를 기분 좋음을 느꼈습니다. 다른 동료들에게도 물어보고 저의 강점을 찾아 발전시키는 것이 중요하다고 생각하였습니다. 이러한 기회를 알려주셔서 감사합니다!

오늘도 숨댱이   Youtube 댓글

Ａ - 키워드: 성실함(+ 시간 약속 잘 지킴), 책임감
- 경험 : 인턴 생활을 하면서 지각한 적 없고, 회의 시간에 항상 미리 와 있어서 상사분께 mbti가 j냐는 말과 더불어 나중에 사회생활은 걱정 없을 것 같다는 이야기를 들은 적이 있습니다. 고시 준비를 할 때에도 잠을 많이 못 잤든, 몸이 안 좋든 상관 없이 계획한 시간에 항상 도서관에 도착해서 공부를 했었어서 주변에서 독하다는 소리도 많이 듣고 "넌 진짜 성공할 것 같다" 라는 얘기를 많이 들었던 것 같습니다.

🗓   Today 오늘 >

대체되지 않는 사람 **나**

❤ 7   👍 3

목표를 달성하는 지식근로자는
새로운 활동을 시작하기에 앞서
반드시 낡은 것을 먼저 정리한다.[13]

피터 드러커

우선순위

우선순위

대체되지 않는 사람의 다섯 번째 습관은 '우선순위'이다. 우리가 우선순위를 선택하고 집중해야 하는 이유는 무엇일까? 피터 드러커는 자기경영노트에서 그 이유를 다음과 같이 설명한다.

1. 성과를 내는 사람들의 공통된 특징이기 때문에
2. 우리 대부분이 한 가지 일도 제대로 해내기 어렵기 때문에
3. 해결해야 할 일이 너무 많기 때문에 [14]

우선순위를 선택하고 집중해야 하는 이유

첫 번째 이유는 이것이 성과를 내는 사람들, 성장하는 사람들, 그리고 대체되지 않는 사람들의 공통된 특징이기 때문이다. 이들은 한 번에 하나의 일에만 집중한다. 성과를 잘 내는 사람들은 결코 여러 가지 일을 동시에 처리하지 않는다. 그리고 자신이 무엇을 해야 하고 언제 해야 하는지를 명확히 알고 있다. 그들은 의미 없거나 가치가 낮은 일에 에너지를 낭비하지 않고 모든 활동이 목표를 향해 전략적으로 맞춰져 있다.

두 번째 이유는 우리 대부분이 한 가지 일조차 제대로 해내기 어렵기 때문이다. 흔히 멀티태스킹이 능력처럼 여겨지지만, 실제로는 일을 비효율적으로 처리하는 사람들의 전형적인 특징이다.

예전에 인사팀장으로 있을 때 기억나는 일화가 있다. 어떤 사람이 나에게 이메일을 보내고서 답변이 늦는다며 "아니 그냥 알림이 뜨면 바로 회신하면 되는데 뭐가 그렇게 오래 걸리냐?"라고 말했다. 하지만 나는 이메일 읽는 것도 시간을 정하고 집중해서 처리한다. 당시 인사팀장으로서 얼마나 많은 요구 사항과 조율해야 할 일이 있겠는가? 회의가 끝나고 나면 메일이 100개씩 쌓여 있고, 하루에 수백개의 이메일이 계속 온다. 그러면 그 메일을 읽는 데만도 상당한 시간이 소요된다. 이런 상황에서 알림이 뜰 때마다 바로바로 처리하려 한다면 나는 하루 종일 이메일만 읽는 사람이 되고 만다. 그래서 나는 이메일도 시간을 정해 놓고, 1시간 동안 집중해서 처리한다. 한 번에 한 가지에만 집중하는 것이다. 한 번에 한 가지 업무에 집중하는 것이야말로 성과를 극대화하는 핵심 전략이다.

세 번째로 집중이 필요한 이유는 우리가 해결해야 할 일이 너무 많기 때문이다. 참으로 아이러니한 일이다. 한 번에 하나씩, 직렬로 일을 처리하면 많은 일을 해내지 못할 것처럼 보인다. 그렇다면 오히려 더 멀티태스킹을 하고, 더 많은 것을 동시에 처리해야 하는 것이 아니냐고 생각할 수 있다.

그러나 여기서 핵심은, 단순히 "해야 할 일"이 아니라 "해결해야 할 일"이라는 점이다. 해야 할 일과 해결해야 할 일은 다르다. 우리가 낮은 집중력을 가지고 여러 가지 일을 동시에 처리하는 것은 충분히 가능하다. 그러나 그것은 어디에도 진정으로 집중하지 않고 있다는 의미이기도 하다. 부가가치가 낮은, 단순하고 반복적인 작업을 여러 개 동시에 롤링하는 것은 할 수 있다. 그러나 부가가치가 높고 복잡하고 어려운 일을 해결하는 측면에서는 멀티태스킹이 적합하지 않다. 그래서 우리는 해결해야 할 문제가 많을수록 더욱 우선순위에 집중해야 한다.

일못러의 3가지 특징

이제 일을 못하는 사람들의 특징이 더욱 명확해진다. 여기서 '일을 못한다'는 의미는 단순히 게으르거나 노력을 기울이지 않는다는 뜻이 아니다. 오히려 그 반대다. 그들은 열심히 일하고, 시간과 에너지를 아낌없이 투입했을지도 모른다. 그러나 문제는 결과물이 없다는 점이다.

결국, 일못러란 시간과 노력을 쏟아붓고도 의미 있는 결과물을 만들어내지 못하는 사람을 말한다. 이는 단순한 태도나 노력의 부족이 아니라, 우선순위 설정과 같은 전략적 사고의 부재에서 비롯된다.

일못러가 우선순위 관점에서 저지르는 대표적인 실수는 다음과 같다.

첫 번째로, 시간을 과소평가한다.

일못러의 특징은 내가 계획한 대로 일이 진행될 것이라 생각하고 예상치 못한 문제가 발생할 수도 있다는 사실을 간과한다. 그러나 현실에서는 예기치 못한 문제가 발생하기 마련이다. 바로 이 순간, 일못러는 당황하고 불안해하며 강한 거부 반응을 보인다. 왜냐하면 자신이 생각한 프로세스에서 뭔가 하나만 바뀌면 뒤의 계획이 모두 틀어지기 때문이다. "이거 바꾸면 안 된다.", "이렇게 하면 문제가 생긴다.", "그럼 이건 어쩔 거냐?"와 같은 말을 하며,

문제를 해결하려 하기보다는 공격하거나 문제점을 지적하는 데만 집중한다.

반면, 일잘러의 우선순위를 가진 사람들은 시간을 계획하는 방식부터 다르다. 그들은 미래가 예측 불가능하다는 현실을 명확히 인식하고, 시간을 뒤로 미루는 것이 아니라, 앞으로 당기는 전략을 취한다. 예를 들어, 10시간이 필요한 작업이라면 8시간 안에 끝낼 수 있도록 계획을 세운다. 나머지 2시간은 돌발 상황이나 예상치 못한 변수에 대비하는 여유 시간으로 남겨둔다.

만약 10시간이면 끝날 일을 여유가 필요하다며 15시간으로 계획한다면, 그 15시간이 곧 나에게 새로운 표준이 되어 버린다. 그리고 결국에는 15시간조차 모자라게 느껴지는 상황이 찾아온다. '지난번에 이런 고생을 했던 기억이 있으니까 20시간 정도로 여유있게 잡아야 겠다.'라는 식으로 점점 시간이 늘어나게 된다. 이런 패턴이 반복되면 상사는 결국 "이 사람은 일을 제대로 못하는 사람이다"라는 평가를 내리게 된다.

그래서 나는 우선순위를 정해 일을 계획할 때 의도적으로 시간을 절반으로 깎는다. 더 쪼이는 것이다. 이렇게 하면 어떤 효과가 있느냐? 프로세스를 재설계하게 된다. 기존 방식으로는 도저히 그 시간 내에 결과물을 낼 수 없기 때문에 프로세스를 계속 점검하고 개선하는 것이다. 애매하게 여유를 두고 시간을 잡으면, 100% 시간이 오버된다. 예를 들어, 당신이 10시간 동안 일을 한다고 가정해 보라. 과연 그 10시간 동안 집중력을 유지할 수 있는가? 대부분의 사람에게 집중력은 길어야 1시간이다. 그래서 시간을 계속 좁히고, 고도의 집중력을 발휘할 수 있는 나만의 방식을 찾아내야 한다.

두 번째로, 시간 사용의 주도권이 없다.

회사에서 나만의 주도권을 가지고 나의 페이스를 만들어가는 방법은 무엇일까? 답은 간단하다. 상사나 외부의 요구보다 내가 더 빠르면 된다. 내가 일을 더 빠르게 끝내고, 상사가 내 속도에 맞추게 만들면 되는 것이다. 이렇게 하면 언제나 여유를 가질 수 있다. 이것이 바로 일잘러의 마인드셋이다.

예를 들어, 고객이 요구하기 전에 미리 준비된 결과물을 제시하거나, 상사가 지시를 내리기 전에 다음 단계의 계획을 제안하는 것이다. 고객의 요구보다 더 빠르게, 고객이 예상하지 못한 속도로 일을 해내는 것이 핵심이다.

내가 성과를 냈던 방식 중 하나는 우선순위를 상사에게 계속 던지는 것이었다. 예를 들어, "지금은 이게 우선순위 같습니다. 지금 이렇게 해야 하지 않을까요?"라는 식으로 상사에게 제안한다. 훌륭한 상사일수록 즉각적인 답변을 하지 않더라도 이 제안을 심사

숙고한다. 그리고 나중에 "야, 내가 그거 생각해 봤는데, 그게 맞을 것 같아."라고 말한다면, 내가 제안한 내용이 그대로 기획이 되는 것이다. 그 변화가 크든 작든 간에 기획의 주체는 내가 된다. 결국, 내가 모든 속도를 결정하게 된다. 이러한 방식으로 일하면 시간과 싸울 필요가 없다. 내가 진도를 빼고 싶다면 속도를 내면 되고, 장기적으로 봐야 할 일이라면 속도를 늦추면 된다. 중요한 것은 내가 주도적으로 시간과 업무의 흐름을 컨트롤하는 것이다. 이 방식이야말로 내가 주도권을 쥐고, 여유를 가지면서도 성과를 내는 비결이다.

중요한 것은 주도권이다. 내 속도가 느리기 때문에 다른 누군가가 나를 결정해 주는 것이다. 내가 더 빨라버리면 내가 다른 사람의 속도를 결정할 수 있다. 물론, 여기서 말하는 속도는 한국 사람들에게 흔히 지적되는 '빨리빨리' 문화처럼 무조건 속도를 올리라는 뜻이 아니다. 주도권을 갖기 위해 전략적으로 부스트 업을 하는 것을 의미한다. 이렇게 일을 하면 서두를 필요가 없다. 시간이 쫓겨 허둥대는 대신, 필요한 일을 필요한 때에 할 수 있는 결정권이 나에게 주어진다.

세 번째로, 동시에 여러가지 일을 추진하려고 한다.

우리가 사용할 수 있는 에너지는 한정되어 있다. 뭔가를 계산하고 집중하는 에너지의 총량은 정해져 있는데 이 에너지를 여러 가지로 분산시켜버리면 결과물이 나오지 않는다. 그렇다면, 집중력을 높이기 위해 필요한 것은 무엇일까?

여기서 서랍 정리 이론에 대해 이야기하고자 한다. 서랍 정리를 해본 적이 있는가? 어느 날 문득 보면 책상 서랍이 물건들로 가득 차서 제대로 닫히지 않는 순간을 경험할 것이다. 서랍을 정리하는 방법은 단순하다. 먼저 서랍을 책상에서 꺼내 바닥에 모든 물건을 쏟아낸다. 그리고 바닥에 펼쳐진 물건 중에서 최근 6개월간 한 번도 찾지 않았던 것들은 과감하게 버린다. 버리는 것이 정리의 첫 번째 단계다.

이를 "개인의 구조조정"이라 부른다. 집중하기 위해서는 내 삶의 구조조정을 먼저 해야 한다. 내 시간과 에너지를 차지하고 있는 의미 없는 활동과 물건들을 과감히 정리해야 한다. 시간은 아무리 비워도 다시 무언가로 가득 차게 마련이다. 그래서 우리는 지속적으로 비우고, 불필요한 것들을 버려야 한다. 이것만 시도해도 내 삶의 생산성이 비약적으로 증가하는 것을 경험하게 된다.

내 시간을 싹 비워보자. 차라리 아무것도 하지 않고 가만히 있는 것이 더 유익할 수 있다. 가만히 생각하는 시간, 아무것도 하지 않는 시간이 오히려 나를 회복시키는 시간이 될 수 있다. 이러한 시간이 발전하면 명상이나 묵상으로 이어질 수 있다. 바쁘게 채우기만 하는 삶에서 벗어나, 비워진 시간 속에서 무엇이 진짜 중요한 우선순위인지 고민해 보아야 한다.

우선순위를 결정하는 방법

그렇다면 내 삶의 우선순위를 어떤 기준으로 선택해야 할까? 피터 드러커는 우선순위를 결정하는 방법에 대해 심플하면서도 강력한 4가지의 기준을 제시했다.[15]

1. 과거가 아니라 미래를 기준으로 선택하라.
2. 문제가 아니라 기회에 초점을 맞춰라.
3. 인기에 편승하기보다 독자적인 방향을 선택해라.
4. 무난하고 쉬운 게 아니라 뚜렷하게 차이 나는 더 높은 목표를 세워라.

이것이 바로 우선순위를 결정하는 기준이다. 우리는 종종 과거에 얽매여 중요한 결정을 내리곤 한다. 과거의 경험이나 실패에 사로잡혀 미래를 위한 선택을 망설이는 경우가 많다. 그러나 진정으로 의미 있는 의사결정은 과거가 아닌 미래를 기준으로 해야 한다.

또한, 문제 상황에 매몰되어 그에 따라 어쩔 수 없이 결정을 내리는 일이 많다. 그러나 문제를 해결하는 데 초점을 맞추기보다, 그 문제 속에서 새로운 기회를 발견하고 그것에 기반한 결정을 내리는 것이 더 바람직하다.

인기에 편승하기보다 자신의 강점을 살리고 자신에게 가장 적합한 선택을 해야 한다는 점도 중요하다. 특히 회사나 직무를 선택할 때, 남들이 선호하는 길이 아니라 더 나답고 가치 있다고 느껴지는 것을 선택해야 한다.

마지막으로, 무난하고 쉬운 선택은 대개 별다른 결과를 만들어내지 못한다. 도전적이고 뚜렷하게 차별화된 더 높은 목표를 세우고 그것을 향해 나아가는 것이 진정한 성취로 이어진다. 실패의 가능성이 있더라도, 더 높은 목표에 도전하는 것이 결국 당신의 성장을 이끄는 길이 될 것이다.

DAY 5 '우선순위' 과제

 이형

> **Q** 우선순위를 결정하는 방법(4가지)에 의해
> 올해의 목표 1가지를 댓글로 남기기

🗓 2024년 12월 6일 금요일 >

 열매 Youtube 댓글

A 중소기업 들어가서 3년간 필살기 쌓고 나올 각오로 일하자. 지금껏 100%
를 쏟아서 일한 적이 없습니다. 25년부터는 일잘러가 되도록 마인드를 바
꾸고, 미래에 꼭 원하는 기업 들어갈 수 있도록 역량을 쌓고 싶습니다!

 벤저민 Youtube 댓글

A 목표 : 유통업계에 취업을 하여 소비자들이 좋아할만한 이벤트를 만들어
보고 싶다.
1. 편의점 업계에 취직할 것. 2. 편의점의 서비스 및 재화를 소비해보고 소
감 또는 리뷰를 작성하고 피드백 해 볼 것.(한 달의 10개 이상 제품들)

정웃짜 Youtube 댓글

A 목표: 4년 디자이너 경력을 내려놓고, 고객관점으로 몰입하는 회사의 콘
텐츠 마케터/기획 신입으로 어떻게든 입사하여 직무 역량을 확장해 대체
불가능한 사람이 되겠다.

가을 CHANGE UP 과제

> Ⓐ AI 엔지니어로서(취업!), 사람들에게 유용한 도구가 될수 있는 인공지능 개
> 발 및 배포하기

 이*표 CHANGE UP 과제

> Ⓐ 2025년 목표
> 1. 상반기에 무조건 취뽀 (부모님의 짐이 되기 싫습니다.)
> 2. 3월달 안으로 재경관리사 합격. 합격 후 다시 회계 직무도 재지원
> 3. 작년 16kg 감량했으니 이번 년도엔 68~72kg 유지
> 4. 취업해서 자본금 어느 정도 벌면 미국(AICPA) or 영국 회계사(ACCA) 둘 중
> 선택해서 공부 시작
> 5. 그 외 많긴 하지만 지금 해야 될 일들이 해결하는 것이 급선무인 거 같습니다.

🗓   Today 오늘 >

대체되지 않는 사람 **나**

❤ 7   👍 3

WEEK 2

데일 카네기
『 인간관계론 』

데일 카네기의 저서 『인간관계론』을 추천하는 이유는 여러 가지가 있다. 우선, 이 책은 인간관계 분야에서 오랫동안 사랑받아온 스테디셀러다. 베스트셀러는 매주 새로운 책이 선정되기 때문에 시간이 지나면 그 의미가 퇴색될 수 있다. 그러나 스테디셀러는 그와 다르다. 시대와 유행을 초월해 꾸준히 사랑받으며 독자들에게 지속적인 가치를 제공해야만 가능하기 때문에, 스테디셀러로 자리 잡는 것은 매우 어렵다. 바로 이 점에서 '인간관계의 바이블'이라 불리며, 고전 클래식으로 평가를 받는다.

이 책의 장점은 개념이 명확하고, 행동 지침이 구체적이라는 점이다. 따라서 독자는 단순히 책에서 제시하는 내용을 따라하기만 하면 된다. 또한, 제안된 개선 포인트는 우리의 일상 속에서 바로 적용할 수 있다.

이전 챕터에서 다룬 피터 드러커의 『자기경영노트』는 직장 생활과 밀

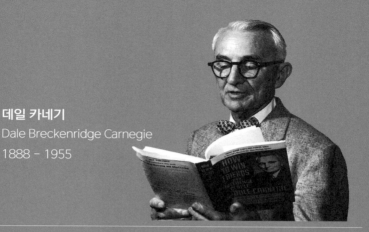

데일 카네기
Dale Breckenridge Carnegie
1888 - 1955

접한 내용이 많아, 직장인이 아니라면 당장 적용하기 어렵게 느껴질 수
있다. 그러나 데일 카네기의 이 책은 오늘 당장 실천할 수 있는 구체적이
고 실용적인 내용을 담고 있다.

또한, 이 책은 여러 번 읽을수록 새로운 통찰을 준다. 나는 이 책을 여
섯 번 읽었지만, 읽을 때마다 새로운 통찰을 얻는다. 처음 읽었을 때와
지금의 나에게 다르게 다가오는 부분들이 있고, "맞아, 내가 그때 이걸
배워서 이런 걸 시도했었지."라는 기억과 함께 다시 적용할 아이디어를
떠올리게 된다.

물론 오래된 고전이기에 일부 사례는 시대적으로 조금 옛날 것처럼 느
껴질 수도 있다. 하지만 관계에 대한 이야기는 시대를 초월하기 때문에
지금도 충분히 적용 가능하다. 이것이 바로 이 책이 지금까지도 꾸준히
읽히는 이유다.

비판하거나
비난하거나
불평하지 마라.[16]

데일 카네기

관계

관계

데일 카네기의 『인간관계론』은 대체되지 않는 사람의 '인간관계'에 대해 말한다. 이전 챕터에서 다룬 『자기경영노트』가 목표 달성과 장기적인 관점에 초점을 맞춘 책이었다면, 이번 장에서는 기업이 원하는 인성의 본질을 탐구한다. 이 책은 '일잘러'를 넘어서 '인잘러', 즉 인생을 잘 살아가는 사람들의 특징에 대해 설명하고 있으며 이것은 대체되지 않는 사람의 중요한 특징이기도 하다.

기업에서 원하는 인성은 사실 매우 단순하고 명확하다. 함께 일하고 싶은 사람의 특징과 정확히 일치한다. 직장에서 사람들과 함께 일하다 보면, "아, 이 사람과는 정말 같이 일하기 어렵다."라는 사람이 있는 반면, "이런 사람과는 계속 일하고 싶다."라는 사람이 있다. 기업에서 원하는 인성이란 바로 이런 '함께 일하고 싶은 사람'이 가진 특징을 말한다. 그리고 이 책은 그 특징에 대한 다양한 통찰을 제공한다.

물론, 당장 이 책을 읽는다고 해서 당신의 자소서가 획기적으로 달라지거나 면접 스킬이 극적으로 향상되지는 않을 것이다. 그러나 이 책에서 제시하는 관점과 마인드가 내재화되면, 당신의 사고 방식과 행동이 변하게 된다. 결국, 이 변화는 더 큰 성장의 모멘텀을 만들어낸다.

직무 능력은 물론 중요하다. 그러나 직무 능력이 아무리 뛰어나더라도, 인성이 부족한 사람과는 함께 일하기 어렵다. 직무 능력이 좋은 사람이 조직 내에서 독단적이거나 갈등을 유발한다면, 그 사람은 조직 전체의 성과를 저해하게 된다. 내가 인사 전문가로서 말할 수 있는 것은, 아무리 능력이 뛰어나도 조직 문화와 팀워크를 해치는 사람은 결코 조직에 득이 되지 않는다는 사실이다. 이런 사람을 조직 내에서 제거하는 것이 오히려 전체적인 성과를 높이는 길이다.

GE를 부흥시킨 전설적인 CEO 잭 웰치Jack Welch는 '중성자탄잭'이라는 별명으로 잘 알려져 있다. 그는 성과 기준 하위 10%의

직원들을 지속적으로 해고하는 강력한 정책을 통해 이러한 별명을 얻었다. 이러한 접근법으로 비인격적이라는 비판을 받기도 했지만, 결국 GE를 글로벌 선도 기업으로 이끄는 데 성공했다.

그의 경영 방식에서 특히 주목할 점은 해고 대상의 우선순위였다. 그가 가장 먼저 해고한 대상은 뛰어난 성과를 내지만 인성이 부족한 직원들이었다. 회사에서 일을 잘하는 사람을 해고한다는 것은 참 쉽지 않은 일이다. 이는 당시로서도 매우 파격적인 접근이었다. 흔히 성과 중심의 경영 철학을 가진 사람이라면, 일을 잘하는 직원을 승진시키는 데 초점을 맞출 것처럼 보인다. 그러나 웰치는 오히려 이들을 가장 먼저 해고 대상으로 삼았다. 이유는 명확했다. 그 사람을 계속 내버려뒀더니 조직 전체의 성과가 오히려 나빠지더라는 것이다. 그 사람이 아무리 일을 잘하는 것 같아도 조직 전체의 관점에서 바라보면 좋은 게 아무것도 없다는 말이다.

직무 역량이 중요한 것은 분명하다. 그러나 그것은 주로 인사팀의 관점이고, 실제로 함께 일하는 동료나 팀원들의 입장에서는 인성이 더 중요한 문제로 부각될 때가 많다. 직무 역량이 부족한 경우에는 교육이나 강점 중심의 팀워크를 통해 어느 정도 보완할 수 있다. 반면, 인성이 부족한 문제는 시간이 지나도 해결되기 어렵다. 이런 이유로 최근 많은 기업들이 자기소개서와 면접을 통해 지원자의 인성을 검증하기 위한 다양한 방법들을 시도하고 있다.

이 책의 첫 번째 챕터 제목은 '사람을 다루는 근본적인 방법 Fundamental Techniques In Handling People'이다. 책의 후반부로 넘어가면 '상대가 나를 좋아하게 만드는 방법' 등 다양하고 실질적인 스킬들을 다루지만, 이 장에서는 그보다 중요한 근본적 원칙을 설명한다. 바로 이 원칙이 이 책의 핵심 정수라 할 수 있다. 다양한 방법론HOW으로 들어가기 전에, 가장 중요한 근본적 원칙을 설명하는 것이다.

데일 카네기는 첫 번째로 비판하지 말라고 조언한다. 우리는 여기서 스스로에게 질문을 던져볼 필요가 있다. "나는 비판을 많이 하는 사람인가?" 흔히 우리는 비판과 비난을 구분하려고 노력한다. 하지만 데일 카네기는 비난은 물론이고, 비판조차도 하지 말아야 한다고 강력히 주장한다.

많은 사람들은 비판을 통해 자신의 의견을 전달하고, 자신의 똑똑함이나 옳음을 증명할 수 있다고 생각한다. 그러나 데일 카네기는 비판을 통해 얻을 수 있는 것은 아무것도 없다고 단언한다. 비판은 오히려 상대방에게 방어적인 태도를 불러일으키고, 그들의 자존심을 건드리며, 갈등을 증폭시킬 뿐이다. 당신의 의도가 아무리 선하고, 당신이 맞는 말을 한다고 하더라도, 비판은 관계를 해치고 신뢰를 무너뜨릴 가능성이 높다.

책에서는 그 예시로 링컨 대통령의 일화가 나온다. 남북전쟁 당시 링컨은 미드 장군이 큰 실수를 저질러 전쟁을 종결지을 수 있는 절호의 기회를 놓친 상황에 처했다. 이에 분노한 링컨은 미드 George Gordon Meade 장군에게 강한 비난이 담긴 편지를 썼다. 편지의 내용에는 다음과 같은 문장이 포함되어 있었다.

"지금 당신 때문에 전쟁을 끝낼 수 있는 천금 같은 기회를 놓쳐서 나는 무척 괴롭다." [17]

편지는 직설적이고 강도 높은 비난으로 가득 차 있었지만, 링컨은 결국 이 편지를 보내지 않았다. 편지를 보내지 않은 이유에 대해 누군가가 묻자 링컨은 이렇게 답했다.

"이 편지는 내 생각을 정리하기 위해 쓴 것이다. 하지만 그 내용을 상대를 비난하는 데 사용하지 않기로 했다." [18]

이 선택은 매우 중요했다. 감정적으로 비난을 퍼붓는 대신 링컨은 문제를 냉정히 다루며 더 나은 결과를 향해 나아갔다. 링컨이 미드 장군을 통해서 얻고자 한 것은 무엇인가? 전쟁을 승리하는 것이다. 그런데 계속해서 비판을 해서는 얻을 수 있는 게 없다고 판단한 것이다. 그 결과, 이 사건은 오늘날의 미국이 존재하게 된 결정적 요인이 되었다. 만약 링컨이 그 편지를 보냈다면, 비난하고 싶고 화내고 싶은 감정은 해소되겠지만, 미드 장군은 자신을 방어하기 위해 노력했을 것이고 그로 인해 더 큰 갈등과 문제가 발생했을 것이다.

이처럼 비판은 관계를 손상시키고 생산성을 떨어뜨린다. 비판을 받은 사람은 자신의 잘못을 인정하기보다 스스로를 변호하려는 데 에너지를 쏟게 된다. 자신이 틀리지 않았다는 걸 증명하려고 하기 때문에 아주 소모적인 대화로 넘어가게 된다. 비판을 다시 또 비판하며 감정이 악화될 뿐 결국에는 얻고자 하는 것을 달성할 수 없다.

물론, 리더로서 부하 직원의 행동을 교정해야 할 때가 있다. 그러나 이때 가장 중요한 점은 단순히 비판으로 흐르지 않는 것이다. 교정과 비판은 다르다. 교정은 상대방을 성장시키고, 문제를 해결하며, 더 나은 방향으로 나아가도록 돕는 의도적인 행동이다. 그리고 여기에는 타이밍이 있다. 이것은 서로 간에 신뢰 관계가 생겼을 때 또는 상대방이 원할 때는 적극적으로 해줄 수 있다. 예를 들어, 리더는 이렇게 말할 수 있다:

"야, 그렇게 하면 네가 더 고생하게 돼."

"그렇게 진행하면 전체적인 타이밍을 놓칠 수 있어.
다른 방식을 한번 생각해보자."

이런 말들은 단순히 상대방의 잘못을 지적하기 위한 것이 아니라, 더 나은 선택을 할 수 있도록 돕는 대화이다. 이는 상대방에게 문제의 심각성을 인식하게 하면서도, 긍정적이고 생산적인 해결책을 제안한다.

비판을 피하라

나 역시 상대방을 비판하는 실수를 수도 없이 많이 저질렀다. 한번은 회사 사무실을 이전하며, 새로운 건물의 건물주와 미팅을 가진 적이 있었다. 그 건물주는 평생의 직장생활을 은퇴하면서 직접 그 건물을 설계하고 건축한 분이었다. 그러나 나는 그 자리에서 건물에 대해 이런저런 피드백을 쏟아냈다. "설계가 잘못됐다", "엘리베이터의 위치를 이곳으로 옮겼어야 했다" 등, 내가 조금 아는 건축 지식을 기반으로 의견을 전달한 것이다.

그때 건물주는 대화 중에 비교적 온화하게 반응하며, "그랬군요. 그런 걸 미리 알았으면 좋았을 텐데요. 좀 더 알려주세요."라고 말했다. 그러나 그날 이후, 건물주와의 관계는 완전히 틀어지고 말았다. 내가 의도했던 건 단순한 조언과 피드백이었지만, 결과적으로 상대방에게는 큰 불쾌감을 준 것이다. 건물주의 입장에서 보면, 이미 건축이 모두 끝난 상태에서 내가 한 비판은 아무런 의미가 없었다. 더구나 그 건물주는 앞으로 평생 다시 건축을 할 일이 없을 가능성이 높았다. 그런데도 나는 마치 전문가인 것처럼, 엔지니어도 아닌 내가 설계와 건축에 대해 이러쿵저러쿵 비판을 한 것이다. 돌이켜 보면, 내 말이 논리적이거나 옳은 부분이 있었을지라도, 그것은 상대방에게 아무런 도움도 되지 않았다. 오히려 불필요한 비판은 건물주의 자존심을 건드렸고, 관계를 악화시키는 계기가 되었다.

그날 이후로, 우리는 아무것도 아닌 사소한 문제로 서로 언성을 높이고 다투는 관계가 되고 말았다. 돌이켜보면, 차라리 이렇게 말했더라면 어땠을까? "이렇게 멋지게 건물을 지어주서서 저희가 정말 잘 사용하고 있습니다." 이렇게 감사를 표현했다면, 관계는 훨씬 긍정적으로 유지되었을 것이다.

진정으로 도움을 주려는 말과 상대방을 깎아내리며 나의 우월성을 입증하려는 비판은 명확히 다르다. 하지만 당시 내 마음속에는 이런 생각이 자리 잡고 있었다. "당신이 잘 몰라서 이런 실수를 했으니, 내 말대로 하는 게 맞아요." 결국 나는 이런 말을 통해 나의 우월성을 강조하고 싶었던 것이다. 이 점이야말로 정말 큰 문제였다. 상대를 깎아내리고 자신의 우위를 증명하려는 비판은, 결과적으로 아무런 이익도 가져다주지 않는다.

비판을 통해 얻을 수 있는 것은 아무것도 없다. 애초에 비판은 하지 않는 것이 가장 좋다. 상대방의 허점을 지적하며 깎아내리는 비판은 관계를 악화시키고, 목표 달성에도 전혀 도움이 되지 않는다. 결국, 비판은 상대뿐만 아니라 나 자신에게도 해가 되는 행위일 뿐이다.

만약 다른 사람을 비판하고 싶은 마음이 들거나, 상대가 불편하게 느껴질 때는 그 상황을 피하는 것이 현명하다. 이럴 때는 차라리 자리를 피하거나, 굳이 상대와 소통을 시도하려 하지 않는 것이 좋다. 우리는 관계에서 비판을 회피해야 한다. 비판하고 싶은 말이 목 끝까지 차오를 때도, 입에 재갈을 물리고 그 자리를 피하는 것이다. 정말 비판하고 싶은 상황에서도 비판하지 않고 그 상황을 회피할 수 있는 나만의 패턴을 만들어가는 것이 중요하다.

나의 경우, 진짜 마음에 들지 않는 상대가 있을 때는 그 사람과의 대면을 최대한 줄이려고 노력한다. 이럴 때는 잠시 거리를 두는 것이 필요하다. 왜냐하면 내가 비판한다고 해서 그 사람이 바뀌는 것도 아니고, 비난한다고 해서 상황이 좋아질 것도 없기 때문이다. 그런데도 계속 그 사람을 대면하다 보면, 나도 모르게 점점 감정이 격해지고, 결국 관계는 더욱 악화된다.

그래서 나는 이런 경우, 만남 자체를 피하려고 의식적으로 노력한다. 이는 단순한 회피가 아니라, 나와 상대 모두를 위해 불필요한 갈등을 예방하려는 전략이다. 거리를 두는 것은 감정을 진정시키고, 관계를 객관적으로 바라볼 수 있는 시간을 주는 중요한 방법이다.

"나는 비판 같은 거 안 하는 사람이다"라고 말하는 사람은 자신을 제대로 알지 못할 가능성이 높다. 가장 간단한 방법으로, 가까운 사람에게 물어보라. "내가 너를 비판한 적이 있으면 얘기해줄래?"라고 솔직히 질문해보는 것이다. 아마도 생각보다 많은 답변을 듣게 될 것이다.

사람은 자기 자신을 잘 모른다. 그래서 자신이 누군가를 비판하고 있다는 사실조차 인지하지 못하는 경우가 많다. 하지만 이 책이 강조하는 핵심 원칙은 단 하나다. "비판하지 말라." 사실 이 원칙 하나가 이 책의 전부라고 해도 과언이 아니다. 대체되지 않는 사람의 인간관계의 원칙은 '비판하지 않는다.'이다. 비판은 갈등을 일으키고 관계를 악화시킨다. 이를 멈추는 것만으로도 우리의 인간관계는 놀랍게 달라질 수 있다.

대체되지 않는 사람
DAY 6 '관계' 과제

 이형

> **Q** 오늘 하루 관계속에서 비판하고 싶은 순간을 회피해보고 그 상황을 기록해보기

📅 2024년 12월 9일 월요일 >

 H.J Choi　　Youtube 댓글

A 오늘 나름 기대했던, 기업의 최종 면접 결과가 나왔습니다..... 합격이었으면 너무 좋았겠지만 예비번호를 부여받았네요....ㅠㅠ 될거 같기도 하고 안될거 같기도 한 이상황... "아 붙여줄 꺼면 그냥 빨리 제대로 붙여 주지!!" 라는 생각이 들면서 해당 기업에 대한 비판을 하고자 했으나, 나보다 면접을 조금더 잘 보고, 잘 필살기를 정리한 사람이 있었겠지 라는 생각을 하면서 앞으로 있을 면접에 대비 하였습니다. 우리 모두들 화이팅!!!

 냐망　　Youtube 댓글

A - 비판 회피 상황 : 프렌차이즈 카페 배달 주문이 들어와서 음료를 다 만들고 기사님이 픽업하시는 상황이었습니다. 배달장소가 교외 지역이라 손님께 전화로 추가 배달비 안내를 드렸더니 지점을 잘못 봤다며 갑자기 환불 요청을 하셨습니다.
- 나의 행동 : 당시 주문이 밀려서 매우 바쁜 상황이어서 '손님께서 주문하실 때 잘 확인하셨어야죠' 라고 말하고 싶었지만, 꾹 참으며 빨리 배달드리겠다고 하면서 친절히 양해를 구하고 추가 배달비를 받았습니다.
- 느낀점 : 이런 상황이 자주 일어나는 카페 특성 상 열불이 나지만^^ 주인의식을 가지고 카페 이미지를 위해서 참자 생각했습니다 ㅎㅎ..

JustINTime4Lee   Youtube 댓글

🅐 - 헤드헌터를 통해 추천받은 기업에 제출할 이력서를 작성했습니다. 나름대로 이형님의 가르침과 저의 강점을 잘 살려 작성했다고 생각했는데, 헤드헌터가 전화를 통해 이력서 내용이 너무 부실하다는 피드백을 주었습니다. 신입이신 건 알겠지만, 너무 내용이 없다, 경력 사항에 추가할 것이 더 없느냐, 서울대 나온 것도 아니지 않느냐는 등의 말을 들으며 속으로는 "이 사람이 대체 뭐가 잘났길래 나에게 이래라저래라 하는 거지?"라는 비판 섞인 분노가 일었습니다. 하지만 저는 침묵을 유지했습니다.

- 신입으로서 경험이 부족한 것도 사실이고, 이력서는 항상 보완할 점이 많다는 것을 알고 있기에, 이 또한 저에게 도움이 되는 피드백이라고 생각하며 분노를 삼켰습니다. 이번 경험을 통해 자소서와 이력서 작성 스킬이 더 발전했다고 느꼈고, 헤드헌터와의 전화에서 화를 내지 않고 침묵을 유지하며 피드백을 받아들인 제 자신이 대견하다고 생각했습니다.

📅   Today 오늘 >

대체되지 않는 사람 **나**

❤ 7   👍 3

진정한 존중이란 상대방의
존재 이유를 이해하고, 그 이유를 찾아가는
여정을 함께하는 것이다.

존중

Dale
Breckenridg
Carnegie

존중

데일 카네기가 제시한 인간관계의 첫 번째 팁은 "비판하지 말라"였다. 그는 비판으로 얻을 수 있는 것은 아무것도 없다는 결론을 내렸다. 이제, 인간관계에서 정말 중요한 두 번째 팁을 나누고자 한다. 이번 주제는 데일 카네기의 『인간관계론』에서 강조하는 핵심 개념 중 하나인 '존중'이다.

존중할 줄 아는 사람이야말로 진정한 실력자이며, 존중하는 태도를 가진 사람이 진정한 리더다. 리더의 핵심 역할은 구성원을 존중하고, 그들의 방향성과 가치를 인정하며 지지하는 데 있다.

그렇다면, 존중이란 무엇일까? 단순히 배려하거나 약속을 지키는 것도 존중의 한 방식일 수 있다. 그러나 존중의 본질은 더 깊다. 존중이란 상대방의 존재 이유를 인정하는 것이다. 이 과정이 반복될 때, 상대방은 "이 사람은 정말 나를 존중하는구나."라고 느끼게 된다.

상대방을 존중하는 방법

첫 번째로, 상대방을 지속적으로 관찰하는 것이 필요하다.

먼저 존중할 대상을 한 명 정해보자. 지금 떠오르는 사람은 누구인가? 자주 만나지만 갈등이 빈번한 사람이 있다면 그를 떠올려보는 것이 좋다. 고객일 수도 있고, 동료나 상사일 수도 있다. 대상을 정한 후에는 그 사람을 주의 깊게 관찰하라. 관찰의 핵심은 상대방의 특징을 파악하는 것이다. 특히, 그 사람의 강점을 발견하는 데 초점을 맞춰야 한다. 그 사람이 잘하는 것은 무엇인가? 그로 인해 해결된 문제는 무엇이며, 조직이 그 사람으로 인해 어떤 긍정적인 변화를 경험하고 있는가? 이러한 질문을 통해 상대방의 가치를 찾는 것이 곧 존중의 시작이다.

예를 들어, 상사의 강점을 관찰하다 보면 다음과 같은 통찰을 얻을 수 있다. "상사와 이렇게 협력하면 좋겠구나." 또는 "상사에게는 이런 방식으로 설명하면 효과적이겠구나."와 같은 구체적인 포인트들이 발견되는 것이다. 이는 단순히 인간관계를 개선하는 데 그치지 않는다. 이러한 과정은 개인의 성공과 커리어 성장에도 직접적으로 연결된다.

두 번째로, 상대방을 존중하기 위해서는 이타적 관점의 훈련이 필요하다.

이타적인 관점이란 무엇인가? 그것은 상대방이 원하는 방식으로 설명하고 행동하는 것이다. 상대방의 입장에서 생각하고, 그들이 무엇을 필요로 하는지 파악하는 것이다.

내가 운영하는 유튜브 채널 '퇴사한 이형'은 이름만 보면 퇴사를 돕는 조언만 제공할 것처럼 보인다. 하지만 실상은 다르다. 채널의 내용을 가만히 살펴보면, 퇴사하지 말고 현재의 직장에서 성과를 내라는 이야기가 더 많다. "퇴사하지 말고 거기에서 성과를 내라."는 메시지가 반복적으로 강조된다. 겉으로는 퇴사라는 키워드를 던지지만, 그 이면에는 퇴사 뿐만이 아닌 직장에서의 돌파와 커리어의 성장이라는 본질적인 이야기가 담겨 있는 것이다.

'면접왕 이형' 채널도 마찬가지이다. 취업준비생들에게 가장 두렵고 어려운 영역은 바로 면접이다. 그래서 면접이라는 키워드를 던지며 시작하지만, 내가 유튜브에서 이야기하는 대부분의 내용은 리더가 가져야 할 관점과 일하는 방식에 대한 것이다. 즉, 리더십으로서 성장하기 위한 다양한 관점과 기준들을 제시하는 것이 '면접왕 이형' 채널의 진정한 목표이다. 구독자들은 면접에 통과하거나, 취업에 성공하고 싶어서 채널을 찾는다. 하지만 영상을 보다 보면 자연스럽게 리더십에 대한 사고방식이 스며들게 된다.

이처럼 상대방의 입장에서 그들의 필요를 이해하려는 노력은 존중의 시작이다. 내가 전하고자 하는 메시지조차도 상대방이 원하는 방식으로 설명하는 것이 중요하다.

마지막으로, 상대방의 의견을 반영하고 덧붙이는 것이다.

나는 여러 가지 역할을 동시에 수행하고 있다. 두 개의 유튜브 채널을 운영하며, 회사를 경영하고, 기업 강연과 HR 컨설팅을 진행한다. 또한, 사단법인을 운영하고 축구팀 감독으로 활동하며, 교회에서는 선교위원장으로, 가정에서는 자녀를 양육하는 가장으로서의 역할도 맡고 있다.

이렇게 다양한 일을 모두 가능하게 하는 비결은 간단하다. 내가 모든 것을 직접 처리하지 않는다는 것이다. 대신, 그 일을 하고 싶어 하고 잘할 수 있는 사람들을 발굴해 함께 나아가는 것이 핵심이다. 내가 하는 모든 일은 이 원칙을 기반으로 이루어진다.

예를 들어, 내가 축구팀 감독으로서 하는 역할을 보자. 일반적으로 축구팀 감독은 포메이션을 짜고 전술을 구상하는 것이 주된 업무라고 생각되기 마련이다. 하지만 내 접근은 다르다. 내가 가장 중요하게 여기는 일은 전술 코치와 훈련 코치를 선발하고, 그들에게 권한을 부여하는 것이다. 축구를 좋아하고, 자신의 의견을 내고 싶어 하는 사람들을 찾아 각자의 역할을 맡긴다. 예를 들어, 전술 코치에게는 포메이션 몇 가지를 만들어 보고, 왜 그렇게 생각했는지 발표하라는 과제를 준다. 그들의 발표와 의견을 경청한 뒤, 필요하다면 조정하거나 최종 결정을 내리는 방식으로 팀을 이끌어간다.

회사를 경영할 때도 같은 원칙을 적용한다. 모든 것을 일일이 지시하거나 통제하지 않는다. 대신, 신뢰할 수 있는 팀장들을 세우고, 그들에게 "어떻게 하면 좋을까? 의견을 좀 내볼래?"라고 묻는다. 팀장들의 의견을 경청하고, 이를 종합해 중요한 의사결정에서 방향만 제시한다.

내가 늘 직원들에게 강조하는 것은 이것이다. "우리에게 좋은 게 중요해? 고객에게 좋은 게 중요해? 회사가 망하더라도 고객이 좋은 것을 선택하자." 팀장들이 쉽게 내릴 수 없는 과감한 결정을 내가 리더로서 대신 내려주는 것이다.

사단법인을 운영할 때도 마찬가지이다. 운영위원들을 세우고, 그들의 의견을 토대로 방향을 설정한다. 그 방향으로 함께 나아가며 협력한다.

결국, 이 모든 활동을 가능하게 하는 비결은 단 하나다. 나 혼자 모든 것을 해결하려 하지 않고, 함께 일하는 사람들의 의견을 존중하며 그들의 힘을 이끌어내는 것이다. 이타적 관점이라는 것은 내 의견을 관철시키는 것이 아니라 상대방의 의견을 녹여내는 데 있다. 내가 중요하게 여기는 리더십의 핵심은 바로 이것이다.

상대방에게 관심을 갖는 방법

상대방에게 관심을 가져야 비로소 그를 제대로 관찰할 수 있다. 이러한 관찰을 통해 이타적인 관점을 훈련하게 되고, 결과적으로 상대방의 존재 이유를 인정하는 진정한 존중을 실천할 수 있다. 상대방에게 관심을 갖는 구체적인 방법은 다음 세 가지로 정리할 수 있다.

1. 문제를 찾아내라
2. 미래를 규정해라
3. 계획을 논의해라

첫 번째는 문제를 찾아내는 것이다. 상대방이 어떤 어려움을 겪고 있는지 세심하게 살펴보는 것이 그 출발점이다. "저 사람이 요즘 이런 부분에서 힘들어하는구나"라는 문제를 발견하는 것이다. 이는 상대방의 말과 행동, 표정 등을 관찰하며 이루어진다. 그들의 고충을 알아차리고 공감하는 순간, 그들에게 진정한 관심을 표현할 수 있게 된다.

두 번째는 그 사람의 미래를 함께 규정하는 것이다. "당신이 이렇게 성장하면 좋겠습니다"라는 조언이나 "당신의 꿈이 뭔가요?"라는 질문을 던지며 그들의 목표를 구체화하도록 돕는다. 이는 상하관계에 국한되지 않는다. 예를 들어, 부하 직원이 상사에게도 "팀장님, 앞으로 어떤 일을 더 해보고 싶으세요?"라고 물을 수 있다. 동료에게는 "이 프로젝트 끝나면 어떤 일을 하고 싶으세요?"라는 질문을 통해 관심을 표현할 수 있다.

마지막으로는 계획을 논의하는 것이다. 미래를 규정한 이후에는 그것을 실현하기 위한 실질적인 방안을 함께 고민한다. "그런 목표를 이루려면 지금 이 문제를 해결해야겠네요. 이것부터 같이 해볼까요?" 또는 "그럼 제가 이거를 도와드릴까요?"라고 제안하는 것이다.

내가 운영하는 취업 커뮤니티 '체인지업'에서 특별한 사례가 있었다. 다른 스터디원 모두를 취업시킨 뒤에도 자신은 취업하지 못한 채 마지막까지 남아 있던 한 사람이 있었다. 그 사람은 스터디의 리더였다. 그는 스터디원들이 자신의 경험을 분해하고 필살기를 정리할 수 있도록 도왔고, 스터디 운영을 관리하며 사람들을 모으고 동기부여를 하며 리더십을 발휘했다. 뿐만 아니라, 그는 스터디원들이 직무를 선택하는 데 어려움을 겪을 때 적극적으로 그들의 고민을 함께 나눴다. "찾아보니까 이런 회사도 있던데 한번 지원해 보면 어때요?"라며 회사를 추천하고, 서류 지원 과정까지도 도왔다.

이런 노력의 결과로 스터디원들은 차례로 취업에 성공하기 시작했다. 더 놀라운 것은, 이미 취업에 성공한 스터디원들이 스터디를 떠나지 않고 끝까지 함께했다는 사실이다. 결국 조금의 시차가 있었을 뿐, 마지막까지 남아 있던 그 사람도 가장 가고 싶어 했던 회사에 성공적으로 취업을 하게 되었다.

이 모든 것은 (1)상대방의 문제를 발견하고, (2)함께 미래를 규정하며, (3)실질적인 계획을 논의하는 과정이었다. 이 사례는 단순한 취업 성공 사례가 아니라, 진정한 리더십과 인간관계의 본질을 보여준다.

이런 사람은 회사에 가서도 탁월한 성과를 낸다. 동료, 상사, 그리고 고객의 문제를 함께 고민하고 해결하며, 조직 내에서 없어서는 안 될 존재가 된다. 단순히 일을 잘하는 수준을 넘어, 전혀 다른 레벨에서 커리어를 시작하게 되는 것이다.

데일 카네기의 인간관계론은 겉으로 보기엔 쉬워 보일 수 있지만, 실제로 이를 실천하는 것은 결코 쉽지 않다. 이 원칙을 제대로 실천하는 사람은 전혀 다른 차원의 레벨로 올라가게 된다. 대체되지 않는 사람은 어떤 사람인가? 바로 다른 사람을 존중할 줄 알고, 그들의 문제를 공감하며 함께 미래를 계획하는 사람이다. 존중이란 상대방의 존재 이유를 함께 고민하고, 그것을 인정하는 데서 시작된다. 이 책이 제시하는 당신의 존재 이유는 분명하다. 당신은 지식 근로자로서 대한민국의 경쟁력을 높이고, 리더십을 갖춘 핵심 인재로 성장해야 한다. 당신의 존재 이유는 단순히 개인적인 성취를 넘어, 국가 경쟁력에 기여할 수 있는 탁월한 인재가 되는 것이다.

진정한 존중이란 상대방의 존재 이유를 이해하고, 그 이유를 찾아가는 여정을 함께하는 것이다. 이것이 바로 이 책이 당신과 함께 이루고자 하는 목표이다.

DAY 7 '존중' 과제

 이형

> **Q** 상사/동료 등 내가 존중하기로 결정하는 사람을
> 정하고 그 사람의 존재 이유를 한번 찾아보기

📅 2024년 12월 10일 화요일 >

 사과나무　　Youtube 댓글

A **1. 대상** : 너무너무 싫은 우리팀 팀장..
(세상에서 제일 꼰대, 야근하는 사람이 일 잘하는 성실한 사람이라고 생각
하고 야근 안하는 직원은 계속 눈치 줌. 기분 한번 안좋으면 하루종일 온 팀
원한테 불똥이 다 튐 ㅠㅠ)
2. 우리팀에서 유일한 존재인 이유 : 우리 팀에서 '공공의적' 존재로 있어주
시니 상처받은 팀원들끼리 같은 피해자로서 서로 위로하면서 돈독해지고
업무적으로도 서로서로 엄청 도와주는 분위기가 됨. 팀원간 불필요한 견제,
질투가 없음.
3. 전달 : 팀장님께서 어른으로서 저희들 사이에서 중심을 딱~ 잡아주시니
팀원들 사이에 분란도 없고 팀워크가 너무 좋은 것 같습니다. ^^ (맞는말이
긴 함..)
4. 반응 : "응? 아니 내가 뭐했다고;" 라고 말하고 그냥 가시길래 후회하고
있었는데, 팀장이 내 말을 의식한건지 웬일로 오후에 사무실 전체를 한바퀴
돌면서 팀원들 자리자리마다 멈춰서 친한척 스몰토크를 시도하심ㅎㅎ 기
분이 좋아 보이셨음.. (팀원들아 미안해ㅠㅠ)
5. 실천하면서 느낀점 : 이렇게 작고 쉬운 행동이 바로 효과를 나타내서 참
놀랍다. 오늘은 억지로 노력해서 건넨 한마디였지만 앞으로는 진심에서 우
러나오는 존중을 할 줄 아는 사람으로 성장하고 싶다. (우리 팀장도 사소한
칭찬에 기분 좋아하는 그냥 평범한 아저씨였다.. 너무 미워하지 말자 ㅠ)

gs   Youtube 댓글

A - **존중 대상** : 전 직장 대표님
- **실천한 것** : 좌절할만한 상황에서도 기어코 방법을 찾아내 해결하는 것이 저희 대표님의 강점이었는데, 그런 모습을 닮아가고 싶다고, 감사의 인사와 함께 존중을 표현했습니다!
- **대표님 반응** : 대표님 강점을 말씀드리면서 은근슬쩍 제 강점은 뭐였는지 여쭤봤는데, 갑작스런 장문의 카톡에 당황하셨는지 따봉 이모티콘 두개가 왔습니다..ㅎ
- **느낀점** : 막상 보내려니 뭐라고 말을 해야할지 너무 떨렸는데, 그래도 해보길 잘했다!! 작은 실천이지만 해봐야 뭐라도 느끼는구나 싶습니다..! 변화를 만드는 이형 스트리밍 짱..

    📅   Today 오늘 >

대체되지 않는 사람 **나**

♥ 7   👍 11

얼굴에 드러나는 표정이
몸에 걸치는 옷보다 훨씬 중요하다.[19]

데일 카네기

첫인상

첫인상

우리는 지금 대체되지 않는 사람의 인성에 대해 이야기하고 있다. 이번 주제는 첫인상이다. 최근 채용에서 인성은 점점 더 중요한 평가 기준이 되고 있으며, 많은 경우 여기에서 합격 여부가 결정된다.

직무 능력은 기본이다. 하지만 중요한 것은 그 능력이 조직 내에서 지속적으로 발휘되며, 실질적인 성과로 이어질 수 있는가이다. 이는 단순히 기술적인 역량의 문제가 아니라 인성과 직결된 문제다. 여기서 말하는 인성은 단순히 성격이 좋다는 의미가 아니다.

그것은 어떤 기준, 가치, 태도로 일을 바라보는지에 대한 관점을 의미한다. 결국, 이 관점과 태도가 합격 여부를 가르는 결정적인 기준이 된다.

특히, 면접에서도 첫인상은 매우 중요하다. 사람은 논리적으로 판단할 것 같지만, 실제로는 감정적으로 판단하는 경우가 많다. 면접관도 사람이기에, 직접 경험하기 전에는 인성을 완벽히 검증할 수 없다. 그래서 첫인상을 통해 이를 어느 정도 유추하려 한다.

그렇다면 첫인상을 강력하게 남기는 방법은 무엇일까? 의외로 간단하다. 상대방에게 진심 어린 관심을 표현하는 것이다. 결론적으로, 상대방에게 관심을 표현하기 시작하면 첫인상은 자연스럽게 좋아진다.

예를 들어, 자기소개서의 지원 동기 문항을 작성할 때, 그 기업에 대해 철저히 조사하는 이유도 여기에 있다. 조사한 내용을 바탕으로 면접에서 이렇게 말할 수 있다.

"저는 귀사의 이런 점에 관심이 많아
이런 내용까지 조사해 보았습니다."

이처럼 반복적으로 관심을 표현하면, 회사 입장에서는 이러한 태도를 보이는 지원자를 긍정적으로 평가할 가능성이 높다. 물론, 역량이나 필살기가 가장 중요한 요소다. 그러나 내 필살기가 어느 정도 어필되었고, 경쟁자와 비슷한 수준이라면 관심을 표현하는 태도가 최종 합격의 당락을 결정짓는 요인이 될 수 있다. 관심은 첫인상뿐만 아니라 면접 과정과 최종 합격 여부에도 결정적인 영향을 미친다.

감사가 만들어내는 변화

책에서는 한 유명한 마술사의 이야기를 소개한다.[20] 그는 최고의 쇼맨으로, 돈도 많이 벌고 공연 때마다 엄청난 관객을 끌어모으는 인물이다. 데일 카네기는 이 마술사가 어떻게 이런 성공을 이룰 수 있었는지 설명하며, 무대에 올라가기 직전에 그가 반복적으로 되뇌는 말을 언급했다.

그가 무대에 오르기 전 항상 되뇌는 말은 단순하지만 강력하다.

"나는 관객을 사랑해. 나는 관객을 사랑해."

이 말을 마음속으로 계속 반복하며 무대에 오른다. 관객의 숫자가 많든 적든 상관없이, 그는 항상 같은 태도로 공연에 임했다. 몇 명의 관객이라도 그들에게 진심 어린 고마움을 느끼며 최선을 다했다. 이러한 태도가 그의 공연을 특별하게 만들었고, 결국 그를 최고의 마술사로 자리매김하게 했다.

나 역시 회사를 운영하며 직원들에게 깊은 고마움을 느낄 때가 많다. 물론 일을 하다 보면 짜증이 날 때도 있지만, 그것은 일시적이다. 매일 밤 하루를 돌아볼 때마다 회사의 성장과 도전, 실패를 떠올리며 이렇게 생각한다.

"정말 이 사람들이 없었다면 이런 도전을 할 수 있었을까?"

유튜브를 할 때도 마찬가지다. 스트리밍을 켜고 수백 명의 구독자들이 들어오는 모습을 볼 때마다 이런 생각이 든다.

"이 숫자가 오프라인에서 한자리에 모였다면 얼마나 많은 사람일까?"

매번 방송에서 이렇게 많은 사람들이 함께 소통할 때, 내 삶의 의미를 다시금 발견하게 된다. 그때마다 항상 감사한 마음이 든다.

당신은 주변 사람들에게 고마움을 느끼는가? 이 마술사도 관객들에게 감사의 마음과 태도를 가지고 있었다. 그래서 그의 표정과 말, 행동이 특별할 수밖에 없었다. 감사는 단지 마음속의 느낌이 아니라, 행동과 태도로 드러나는 힘이기 때문이다.

사람은 본능적으로 상대방의 감정을 읽을 수 있다. 굳이 말로 표현하지 않아도, 상대의 마음은 자연스럽게 전해진다. 어떻게 느끼냐고 묻는다면, 바로 눈빛에서 느낀다. 눈빛을 정확히 어떻게 규정해야 할지 나도 잘 모르겠다. 하지만 아무리 무뚝뚝하거나 차가운 사람이라도, 눈을 마주치는 순간 그들이 나를 향한 감정을 느낄 수 있다. 눈빛에서 영혼을 읽을 수 있는 것이다. 대단한 말이나 행동 없이도 그 감정은 자연스럽게 전해진다.

이처럼 상대방에 대해 감사한 마음을 가지려 노력하는 사람은 첫인상부터 다르다. 예를 들어, 면접장에 들어갈 때도 마찬가지다. 면접 기회를 준 회사에 대해 진심으로 감사한 마음을 가지며 이렇게 생각해 보라.

"내가 아직 부족한 부분이 많은데도 이런 기회를 주다니,
정말 감사하네."

이 마음을 품고 면접장에 들어가면 태도와 에너지가 완전히 달라진다. 마치 그 마술사가 무대에 오르기 전 "나는 관객을 사랑해."를 되뇌었던 것처럼, 면접을 보기 전에도 이러한 감사를 되뇌어 보라.

이 마음가짐 하나가 만드는 차이는 크다. 그것은 단지 태도의 변화가 아니라, 상대방에게 진심 어린 눈빛과 분위기로 전달된다. 이렇게 작은 마음가짐 하나가 첫인상에서 큰 영향을 미치는 핵심 요소가 된다.

미소, 인사, 아이컨택

감사가 마음의 태도에 관한 것이라면, 첫인상을 결정짓는 두 번째 요소는 바로 표정이다.

한 연구에 따르면, 첫인상을 결정짓는 가장 중요한 요소는 표정으로, 무려 74.5%의 응답자가 이를 첫 번째로 꼽았다. 그다음으로 외모49.4%와 차림새40% 순으로 나타났다.[21] 이 결과는 표정이 외모나 옷차림보다 훨씬 큰 영향을 미친다는 사실을 보여준다.

물론 외모도 첫인상에 영향을 미친다. 외모의 부족함은 옷차림이나 악세사리로 어느 정도 보완할 수 있다. 하지만 아무리 멋진 옷을 입고 좋은 스타일을 갖추었더라도 표정이 좋지 않다면 첫인상은 긍정적으로 남기 어렵다.

혹시 가까이에 거울이 있다면, 지금 내 표정을 한 번 살펴보라. 또는 컴퓨터 작업 중 의식하지 못한 채 짓고 있는 표정을 녹화해 보라. 대부분의 경우 경직되고 딱딱한 표정을 발견하게 될 것이다. 집중할 때 그런 표정을 지을 수는 있지만, 사람을 만나는 순간만큼은 반드시 미소를 지어야 한다. 미소는 첫인상의 핵심이다.

내가 미국이나 서구권의 나라를 방문할 때마다 생소하면서도 참 좋다고 느끼는 문화 중 하나는 아이 컨택을 할 때 자연스럽게 미소를 짓는 것이다. 이 문화는 매우 자연스럽게 자리 잡혀 있다. 예를 들어, 공공장소에서 뒷사람을 위해 문을 열어주거나 기다려주는 매너처럼, 눈을 마주칠 때마다 미소를 짓는 것도 하나의 매너이자 문화다. 심지어 운전 중에도 눈을 마주치며 인사와 미소를 건넨다. 이런 작은 행동들이 그 나라의 이미지를 긍정적으로 바꾸는 데 큰 영향을 미친다.

이러한 행동을 자연스럽게 하려면 반복해서 연습하는 것이 중요하다. 예를 들어, 면접 상황에서도 이 원칙이 그대로 적용된다. 면접장에 들어가면서 "내가 준비한 필살기를 하나도 빠뜨리지 않고 해야지."라고 생각하며 경직된 표정을 짓는 사람이 있다. 반면, 면접관들과 자연스럽게 아이 컨택을 하고 미소를 지으며 여유롭게 시작하려는 사람이 있다.

긴장을 완전히 없앨 수는 없겠지만, 심호흡을 하고 미소, 인사, 아이 컨택 이 세 가지를 실천하는 것만으로도 완전히 다른 분위기와 인상을 줄 수 있다. 이 작은 차이가 상대방에게서 느껴지는 감정과 첫인상을 결정짓는 핵심 요소가 된다.

이제 우리가 해야 할 구체적인 행동은 단순하지만 강력하다. 바로 **(1) 미소, (2) 인사, (3) 아이 컨택**이다.

출근할 때, 누군가를 만날 때, 혹은 미팅에 참석할 때 미소, 인사, 아이 컨택을 의식적으로 실천해 보라. 처음에는 어색할 수 있다. 하루아침에 자연스러워지는 것은 아니기 때문이다. 하지만 이 세 가지를 의도적으로 연습하는 것이 변화의 시작이다. 평소에 잘 웃지 않더라도, 아이 컨택이 될 때 웃는 연습을 시작해 보라.

처음에는 주변에서 "너 뭐 잘못 먹었냐?" 같은 반응이 나올지도 모른다. 그러나 그것이 바로 중요한 포인트다. 평소에 하지 않던 것을 시도하는 것이 변화의 출발점이기 때문이다. 무표정하고 경직된 사람이 갑자기 미소를 지으며 인사하고 눈을 맞춘다면, 상대방은 놀라면서도 기분 좋은 반응을 보일 것이다. 이 어색함은 운동을 처음 배울 때의 느낌과 같다. 처음에는 몸이 뻣뻣하고 어색하지만, 반복하면 점점 자연스러워지고 결국 내 것이 된다.

오늘 바로 도전해 보기를 권한다. 출근길에 마주치는 경비 아저씨에게 먼저 미소와 인사를 건네 보라. 버스나 택시에 탔을 때 기사님에게 밝은 표정으로 감사의 마음을 전해 보라. 택배를 배달해 주는 택배 기사님에게도 "고맙습니다"라는 말과 함께 미소를 짓는 연습을 해 보라. 이런 작은 행동들이 상대방에게 큰 감동을 줄 뿐만 아니라, 스스로도 긍정적인 에너지를 느끼게 할 것이다.

또한, 회사나 학교에서 매일 교류하는 동료와 친구들에게도 이를 실천해 보라. 사람을 만날 때마다 미소, 인사, 아이 컨택을 의식적으로 시도해 보라. 이런 작은 행동이 관계를 변화시키고, 나아가 당신의 인생과 커리어에 큰 변화를 가져올 수 있다. 아무것도 아닌 것처럼 보이는 작은 습관이 큰 변화를 만들어내는 시작점이 될 것이다.

대체되지 않는 사람
DAY 8 '첫인상' 과제

 이형

> **Q 내가 먼저 '미소/인사/아이컨택'을 발사하고 상대방의 반응을 기록하기**

📅 2024년 12월 11일 수요일 >

 이불밖으로돔황챠　Youtube 댓글

> **A** 오늘 분리수거를 겸사겸사할 겸, 밖으로 나가 수거 처리를 한 후, 일부러 경비실에 쪽에 나와 계신 경비 직원분께 미인아를 내비치며 먼저 인사를 드리고 "추운 날씨에 너무 수고가 많으십니다"라고 감사를 표하니 굉장히 밝게 웃으시면서 "아이고 아닙니다, 감사합니다"라며 답변 말씀을 해주셨습니다. 이런저런 이유로 저 역시 삭막함 속에서 같이 살아왔던 것 같습니다. 어렵지 않은 실천으로 저부터 조금씩 밝은 기운을 주변에 전파하며 살아가도록 하겠습니다.

내이름은자비스　Youtube 댓글

> **A** 1. 나 - 화장실 거울보고 저에게 인사를 해봤습니다. 그 모습이 웃겨서 혼자 웃다 나왔습니다.
> 2. 애기였을 때는 부모님이 모르는 사람에게 인사시킬 때, 부끄럽다는 이유로 쭈뼛쭈뼛 인사했던 게 새록새록 기억이 나는 하루였습니다. 지금은 인사 잘 하는 으른으로 성장했지만요 ㅋㅋ! 제가 아이를 나중에 키울 수 있는 기회가 생긴다해도 인사부터 가르쳤을텐데 말이죠.. 친구와 약속시간이 얼마남지 않았는데, 친구에게 나중에 부모가 되면 "미인아부터 가르칠 거야!" 라고 선전포고 해야겠습니다.

여담: 여행을 담다   Youtube 댓글

A 어수선한 분위기 때문에 팀장님께서 어색해하시고 힘들어 하시는데 웃으면서 말걸고 다가가니 어색해 하시던게 조금 풀렸습니다. ㅎㅎ 팀장님께 배울 점이 참 많은데 상황으로 인해 다같이 어려운게 참 마음이 안좋네요.
요즘 느끼는거지만 팀장님도 직원인데 장이라는 역할과 무게가 참 무거운 것 같아요...!

emong   Youtube 댓글

A 거의 매일 가는 편의점에 들리면서 평소와 다르게 들어가자마자 직원분과 아이컨택을 한 후 조금 큰 목소리로 "안녕하세요!" 라고 먼저 인사를 건넸습니다. 그러자 바로 일하시는 아주머니가 웃으면서 "어서와용~!" 이라고 귀엽게 맞인사를 해주셨습니다.
하기 전에는 조금 쑥스러운 마음도 있었는데, 막상 하고나니 같이 웃어주시면서 인사해주셔서 저도 기분이 덩달아 좋아졌습니다. 앞으로는 편의점 갈 때마다 먼저 인사드리려구요!

🗓   Today 오늘 >

대체되지 않는 사람 **나**

♥ 7   👍 3

누군가 나를 비난하고 싶어할 때,
그 비난을 내가 먼저 스스로에게 하라.[22]

데일 카네기

DAY 09

수용

Dale
Breckenridg
Carnegie

수용

이번 주제는 대체되지 않는 사람이 갖춰야 할 '수용력'이다. '다른 사람을 어떻게 수용할 것인가?'라는 질문은 리더십을 가진 사람들이 끊임없이 고민하는 주제이다. 진정으로 수용할 줄 아는 사람이야말로 궁극적으로 큰 리더가 될 수 있다.

이십 대 중반, 커리어를 막 시작하던 시절의 나는 항상 날이 서 있었고, 나와 맞지 않는 사람이나 불편한 상황을 마주하면 감정이 쉽게 드러났다. 하지만 지금은 다르다. 불편한 사람과도 웃으며 대화하고, 열린 태도로 의견을 교환할 수 있게 되었다. 이러한 변화는 단순히 나이를 먹으면서 저절로 이루어진 것이 아니다. 나 역시 수용력을 기르기 위해 부단히 노력했다. 특히 데일 카네기의 『인간관계론』은 나의 관점을 크게 변화시킨 책 중 하나였다.

실수를 인정하라

데일 카네기가 수용을 설명하며 강조한 핵심 중 하나는 '실수를 인정하는 방법'이다. 우리가 살아가다 보면 실수는 피할 수 없는 일이다. 중요한 것은 실수 자체가 아니라 그 실수를 대하는 태도다. 내가 강조하고 싶은 점은 실수를 두려워하지 말라는 것이다. 실수를 감추거나 변명하다가 더 큰 갈등을 일으키거나, 신뢰를 잃게 되는 경우가 많다. 차라리 솔직하게 인정하고, 그 경험에서 배움을 얻는 것이 훨씬 현명하다. 이 책에서는 다음과 같이 조언한다.

> *"누군가 나를 비난하고 싶어할 때,*
> *그 비난을 내가 먼저 스스로에게 하라."* [23]

이는 관계를 해치지 않고 상황을 정리할 수 있는 강력한 수용의 방법이다. 물론, 스스로 잘못을 인정하는 것은 쉽지 않다. 많은 사람들이 간단히 인정하면 끝날 일을 본능적으로 부인하거나 변명하다가 더 큰 문제를 만든다. 그러나 실수를 인정하는 태도는 성숙함과 책임감을 보여주는 강력한 방법이다.

이 책을 읽고 주변을 돌아보니, 관계에서 성공적인 사람들이 이 방법을 자주 사용한다는 사실을 발견하게 되었다.

예를 들어, 축구선수 손흥민이 영국 스포츠 기자 앞에서 보여준 인터뷰의 모습이 좋은 사례다. 첼시와의 경기 후, 기자가 두 골을 놓친 빅 찬스 미스에 대해 언급하자, 손흥민은 겸허하게 자신의 실수와 부족함을 인정했다. 그러나 이후 영국의 팬들이 데이터를 비교 분석한 결과, 프리미어 리그 내 최고의 선수들인 홀란드나 살라와 같은 선수들의 빅 찬스 미스가 시즌 평균 15개 이상인 것에 비해, 손흥민은 단 4개에 불과했다는 사실이 밝혀졌다.

손흥민은 자신을 변호하거나 반박하지 않았지만, 오히려 팬들이 나서서 그의 셀프디스를 방어하며 지지한 것이다. 어쩌면 이것이 바로 셀프디스의 능력인지도 모른다. 다른 사람이 나를 비난하기 전에, 내가 먼저 스스로를 비난하고 잘못을 수용하는 것이 핵심이다. 이는 단순히 겸손을 넘어서, 성숙한 태도와 수용력이 관계를 얼마나 긍정적으로 바꿀 수 있는지를 보여준다. 데일 카네기는 이렇게 말한다.

> *"싸우면 충분한 것을 얻지 못하지만,*
> *양보하면 기대한 것보다 많이 얻는다."* [24]

논쟁을 이기려면 논쟁을 피하라

실수를 했을 때는 논쟁이 발생하기 마련이다. 누군가 나를 공격하거나 억울한 상황이 생기면, 나도 논쟁을 하고 싶은 충동이 든다. 논리적으로 반박하고 목소리를 높이며 내 입장을 관철시키고 싶다. 하지만, 논쟁에서 이겨서 과연 무엇을 얻을 수 있는지를 한번 깊이 생각해 볼 필요가 있다.

데일 카네기가 강조하는 논쟁에서 승리하는 최고의 전략은 바로 '논쟁을 피하는 것'[25]이다. 이 단순한 조언 속에는 깊은 지혜가 숨겨져 있다. 만약 이 조언이 와닿지 않는다면, 직접 다양한 논쟁을 경험해 보라. 그리고 논쟁이 끝난 후, 그 논쟁을 통해 무엇을 얻었는지 적어보는 것도 좋은 방법이다.

내 경험을 예로 들어보면, 하루를 살다 보면 크고 작은 논쟁들이 자주 발생한다. 논쟁이 끝나고 나면, 집에 가서 약 1시간에서 1시간 반 동안 그 논쟁을 곰곰이 생각해 본다. 내가 어떤 말을 했고, 상대방이 어떤 반응을 보였으며, 결과적으로 무엇을 얻었는지를 분석해 본다. 이 과정을 반복하다 보면, 데일 카네기가 말한 "논쟁을 피하라"는 조언이 얼마나 지혜로운 조언인지 깨닫게 된다. 논쟁에서 이긴다고 해서 원하는 결과를 얻는 것은 아니다. 결론적으로, 논쟁을 이기는 가장 지혜로운 방법은 논쟁 자체를 피하는 것이다.

또한 데일 카네기는 무언가를 증명하려 하지 말라고 조언한다.[26] 이 조언은 연인 관계, 회사 생활, 그리고 다른 모든 인간관계에서 매우 중요한 원칙이다. 예를 들어, 남녀 간의 논쟁에서 종종 남자들이 저지르는 큰 실수 중 하나는 무언가를 증명하려고 한다는 점이다. 회사에서도 마찬가지다. 회사 생활 속에서도 자신을 증명하려다 논쟁에 휘말리고, 그로 인해 더 중요한 것을 잃는 경우가 적지 않다.

이는 건강한 관계에서 이루어지는 건설적인 토론과는 다르다. 데일 카네기가 말하는 상황은 감정이 격해진 상태에서 논쟁이 벌어지는 순간이다. 건설적인 토론은 서로 간에 신뢰가 있을 때만 가능하다. 그런데 만약 상호 간에 신뢰가 부족하고, 감정적으로도 이미 상처를 입은 상황에서 무언가를 계속 증명하려고 한다면, 그것은 단순한 논쟁이 아니라 상대를 굴복시키려는 시도가 된다. 이러한 논쟁은 반드시 한 명이 무릎을 꿇어야 끝이 난다. 겉으로는 내가 이긴 것처럼 보일 수 있다. 상대방이 내 주장을 받아들이거나 더 이상 반박하지 못하게 되면, 순간적으로 승리감을 느낄지도 모른다. 하지만 문제는 그 이후에 발생한다. 상대방은 자신이 굴복당했다는 사실을 마음속에 깊은 상처로 새긴다. 그리고 결정적인 순간, 그 상처는 내가 방심한 사이 나를 겨냥해 돌아오게 될 것이다.

따라서 뭔가를 증명하려고 애쓰지 말라. 어차피 아무리 노력해도 상대방이 인정하지 않는 경우가 대부분이다. 그냥 그 사람의 의견이 있다는 사실을 그대로 받아들이는 것이 필요하다. 스스로를 증명하려고 애쓰지 말고, 그저 자신의 결정을 조용히 실행하면 된다. 상대방의 의견은 "저런 생각도 있구나" 하고 참고하는 정도로 받아들이면 충분하다.

상대방을 설득하는 방법

논쟁을 이기는 가장 좋은 방법은 논쟁을 피하는 것이다. 반대로, 상대방을 설득하는 가장 좋은 방법은 상대방과 같은 입장을 이야기하는 것이다. 논쟁이 발생하는 이유는 서로 간에 관점의 차이가 있기 때문이다. 그러나 모든 관점이 100% 다르지는 않다. 중요한 것은, 같은 입장을 찾아 그것을 강조하는 것이다.

만약 80%의 입장이 같고, 20%의 의견 차이가 있다면, 미숙한 사람들은 20%의 차이만을 강조하며 마치 모든 입장이 반대인 것처럼 행동한다. 이런 태도는 대립을 강화하고 갈등을 깊게 만들 뿐이다. 반대로, 설득과 협상은 차이를 좁히고 공통점을 확대하는 데서 시작된다. 상대방과 같은 입장을 찾아 대화를 이어가며 이렇게 제안해 보라.

"저도 이 부분에 동의합니다. 우리가 이 공통점을 바탕으로
함께 해보는 건 어떻겠습니까?"

같은 입장을 지속적으로 강조하면, 상대방은 당신과의 협력을 자연스럽게 받아들이게 된다. 공통점을 기반으로 한 대화와 제안 이야말로 가장 효과적인 설득의 방법이다.

또 상대방을 설득하기 위한 정말 중요한 원칙은, 내가 말을 많이 하지 않고 상대방이 말을 많이 하게 하는 것이다. 이 원칙이 얼마나 효과적인지 나는 인사팀장으로서 연봉 협상을 진행하거나 사람을 영입할 때 경험했다. 내 협상이 성공적이었던 이유도 바로 이 방법을 활용했기 때문이다.

나는 상대방이 스스로 이야기를 많이 하도록 유도하기 위해 질문을 던졌다.

"지금 다니는 회사에 만족하고 계신가요?"
"현재 회사에서 어떤 성장을 기대하고 계신가요?"
"당신이 생각하는 꿈이나 다음 단계는 무엇인가요?"

나는 주로 이런 질문만 던졌다. 상대방이 스스로 자신의 상황과 목표를 이야기하도록 만드는 것이 대화의 핵심이었다.

내가 만나는 대부분의 사람들은 현재 회사에서 일을 잘하고 인정받으며, 좋은 대우를 받고 있는 사람들이었다. 이런 사람들은 대체로 이직에 대한 생각을 깊게 해본 적이 없었다. 하지만 이런 인재들을 스카우트하는 것이 나의 과제였다. 그래서 나는 꾸준히 그들에게 다가가 질문하며 대화를 나눴다.

"오늘 제가 근처에 볼 일이 있어서 왔는데,
한 번 얼굴 뵙고 가려고 왔습니다."

사실은 그들을 만나기 위해 일부러 찾아간 것이지만, 이렇게 부담 없이 대화를 시작한다. 대화가 시작되면 상대방의 이야기에 집중해서 경청한다. 사람은 누구나 항상 행복하지 않기 마련이고, 힘든 상황을 겪게 되는 순간이 있다. 그때 마침 내가 그들과 대화를 나누고 있다면, 그들은 자연스럽게 이직이나 우리 회사에 대한 궁금증을 표현하기 시작한다. 이때부터는 두 번째 단계로 넘어간다. 상대방과 동일한 관점과 입장을 중심으로 이야기한다.

"저도 당신이 그곳에서 느끼셨던 것을 완전히 공감합니다.
그런데 만약 우리 회사로 오신다면, 이런 기회를 드리고
이런 도전을 하실 수 있게 해드릴게요."

이처럼 대화를 이어가며 상대방이 자연스럽게 "네, 맞아요."라는 긍정적인 대답을 자주 하게 만든다. "이런 걸 원하시죠? 이렇게 하고 싶으시죠?" 이러한 질문을 던지며 상대방의 동의를 유도한다. 상대방이 "네"라는 대답을 반복하게 되면, 설득은 훨씬 수월해지고 자연스러운 과정이 된다. 이것은 체계적인 설득의 순서로 이루어진다.

1. 먼저 질문하며 상대방이 말하도록 유도한다.
2. 상대방과 동일한 입장을 찾아 계속 강조한다.
3. 내가 말할 때는 상대방이 동의할 수 있는 내용을 중심으로 대화를 이끌며, 제안을 수용하게 한다.

데일 카네기는 이러한 설득 방식을 구체적으로 정리하며 소개하고 있다. 설득의 핵심은 상대방의 입장을 공감하고, 동의를 이끌어내는 대화 방식에 있다. 이 과정을 통해 상대방이 스스로 결정을 내리게 하는 것이 진정한 설득이다.

일부 사람들은 데일 카네기의 설득 방법이 상대방을 조종하거나, 심지어 가스라이팅과 같은 방식으로 악용될 수 있다고 비판하기도 한다. 이런 비판에 일부 동의하는 면도 있다. 특히, 영업이나

마케팅 같은 분야에서 상대방이 필요로 하지 않거나 원하지 않는 것들을 이런 설득 방식을 통해 판매하거나 강요하는 일이 있을 수 있기 때문이다.

그러나 우리는 이상적인 세계가 아닌 현실 세계에서 살아가고 있다. 비즈니스와 인간관계에서는 수많은 이해관계가 충돌하고 대립한다. 이 속에서 상대방과의 관계를 원만하게 유지하고, 효과적으로 설득해야 하는 상황에 직면하는 일이 빈번하다. 이럴 때 논쟁을 피하고, 자신의 관점을 억지로 증명하려 하지 않으며, 상대방과의 공통된 관점에 집중하는 것은 매우 지혜로운 행동이다. 이는 단순히 갈등을 피하기 위해서가 아니라, 서로에게 이익이 되는 결과를 도출하고 관계를 유지하기 위한 필수적인 기술이다.

물론, 이러한 태도는 하루아침에 완성되지 않는다. 나 역시 데일 카네기의 책을 만난 지 십여 년이 지났지만, 여전히 완전히 소화했다고는 말할 수 없다. 상대방의 입장에서 생각하는 것, 논쟁을 피하는 것, 그리고 상대방의 의견을 수용해 보는 것은 꾸준히 훈련해야 할 일이다. 이러한 실천들이 쌓일 때, 우리는 다양한 변화를 우리 삶에서 경험할 수 있다.

DAY 9 '수용' 과제

  이형

> **Q** 관계 회복이 필요하거나 설득이 필요한 사람을 한 명 선정해서 그 사람의 이야기를 충분히 들어주고, 내가 뭘 해주길 바라는지 물어보기.

📅 2024년 12월 12일 목요일 >

JustINTime4Lee　　Youtube 댓글

A - 대상자: 아버지

저녁에 같이 외식을 하며 아버지와 소주 한잔을 기울이며 진솔한 대화를 나누었습니다. 저보다 사회 경험이 훨씬 많으신 아버지의 조언을 들으며 영업 사원으로서 알아야 할 것들과 사회생활 팁을 얻을 수 있었습니다. 그중, 해외 영업 직무를 하기 위해서는 영어도 중요하지만, 다른 언어 한 가지를 더 공부했으면 좋겠다고 말씀하시며 일본어 공부를 추천해 주셨습니다.

- 맛있는 고기와 취기가 더해지니 아버지께서는 IMF로 인해 회사가 부도났던 이야기도 해주시며, 당시의 기억을 저에게 공유해 주셨습니다. 평소에는 깊게 듣지 못했던 이야기를 제가 사회초년생이 되니 꺼내시는 모습을 보며, 이제 저를 아들이 아닌 하나의 사회인으로 인정해 주시는 것만 같아 뿌듯했습니다.

MINKYUNG KIM Youtube 댓글

A - 상황:회사에서 동료가 프로젝트 진행 중 어려움을 겪고 있는 것 같아 점심
시간에 따로 대화를 나눴습니다.
- 대화 내용:"요즘 프로젝트 때문에 많이 바빠 보이던데, 혹시 어려운 점이 있
어요? 제가 도와드릴 수 있는 게 있을까요?" 동료는 처음에는 "괜찮다"고 했
지만, 계속 진심으로 관심을 보이자 조금씩 자신의 고민을 이야기하기 시작
했습니다. 프로젝트 일정이 너무 빠듯하고 팀원 간 소통 문제도 있었다고 했
습니다.
- 반응: 동료는 이야기를 하면서 한결 가벼워졌다고 말했습니다. 저도 적극적
으로 들어주고 공감하려고 노력했습니다. 대화를 마친 후 동료는 "이렇게 들
어줘서 고맙다"면서 더 나은 해결 방안을 고민해 보겠다고 했습니다.

📅   Today 오늘 >

대체되지 않는 사람 **나**

♥ 7   👍 3

아무리 사소해도 나아진 모든 점을 칭찬하라.
진심으로 인정하고 후하게 칭찬하라.[27]

데일 카네기

인정

Dale
Breckenridg
Carnegie

인정

이번 주제는 대체되지 않는 사람의 인정이다. 우리는 지금 대체 불가능한 사람이 되기 위해 '일잘러의 마인드셋'을 정립하고 있다. 빠르게 변화하는 시대에서 대체되지 않는 사람을 구별하는 기준은 단순한 능력이 아니라 '인성'이 될 것이다. 그러나 일을 하다 보면, '인성'보다 더 정확한 표현은 '관점'임을 깨닫게 된다. 어떤 관점으로 일을 바라보는지, 그리고 직장에서 사람들과 어떤 관계를 맺고 있는지가 대체되지 않는 사람의 핵심적인 기준이 된다.

과거 갤럽은 직장인을 대상으로 대규모 연구를 진행하며, 장기 근속하면서 높은 성과를 내는 사람들의 공통점을 분석했다. 연구 결과는 십여 가지로 정리되었는데, 그중 특히 흥미롭고 의외였던 항목이 바로 '절친이 있다'는 것이었다.

높은 성과를 내는 사람들은 회사 내에 진짜 친한 친구가 있는 경우가 많다는 사실이 밝혀졌다. 이는 직장 내에서 성과를 높이고 근속 기간을 연장하는 데 중요한 역할을 한다는 것을 보여준다. 갤럽 연구는 이를 바탕으로, 회사 내 인간관계를 활성화하라는 조언을 남겼다.

나에게도 공식적인 친구라고 부를 수 있는 사람이 한 명 있다. 아는 사람이나 가까운 사람은 많지만, 진짜 친구라고 말할 수 있는 사람은 이 한 명뿐이다. 내가 정의하는 공식적인 친구란, 서로 힘들 때 주저하지 않고 연락해 만날 수 있는 사람이다. 그리고 조언이 필요할 때 가장 먼저 떠오르는 사람, 제일 먼저 전화를 걸거나 만나는 사람이다.

이 친구와는 만나면 회사에서의 고민, 목표, 인생에 대한 질문, 대한민국의 미래까지 다양한 이야기를 나눈다. 한 번 만나면 술 한잔 없이도 남자 둘이 7시간씩 이야기를 나누곤 한다.

이 친구는 내가 직장 생활을 할 때 내 팀원이었던 사람이다. 그는 나를 직장 상사이자 팀장으로 만났고, 함께 일하며 많은 경험을 공유했다. 성과를 낼 때도 있었고, 어려운 순간도 있었지만, 그런 시간들을 5~6년 동안 함께 겪으며 깊은 신뢰와 우정을 쌓았다.

내가 회사에서 이룰 수 있었던 큰 성과와 커리어의 고속 성장 뒤에는 항상 신뢰할 수 있는 동료와 친구들이 있었다. 그들은 단순한 업무 협력자를 넘어, 나의 도전과 성장을 함께한 중요한 파트너들이었다.

직장에서 진정한 친구를 얻기 위한 인간관계의 핵심 팁은 상대방을 인정하는 것이다. 그렇다면, 상대방을 인정하는 구체적인 방법은 무엇일까? 이를 실천하기 위해 우리가 취해야 할 행동은 무엇일까?

상대에게서 무엇을 배울지 발견하기

상대방을 인정하는 첫 번째 방법은 그들에게서 무엇을 배울지 찾아내는 것이다. 랄프 왈도 에머슨Ralph Waldo Emerson은 이에 대해 이렇게 말했다.

"내가 만나는 모든 사람은 어떤 면에서든 나보다 우월하며, 그렇기에 그들에게서 배운다." - 에머슨 [28]

이 말은 상대방을 인정하기 위해 필요한 마인드셋을 잘 보여준다. 내가 만나는 모든 사람은 어떤 면에서는 나보다 뛰어나다는 전제를 가지고 그들을 바라보는 것이다. 이 태도는 특히 내가 상대방을 단순히 판단하거나 비교하지 않고, 존중하고 배우려는 마음으로 대하도록 이끈다. 상대방이 나보다 연차가 낮거나, 경험이 부족해 보일지라도, 그들 역시 어떤 측면에서는 나보다 우월한 부분이 있을 수 있다는 사실을 받아들이는 것이다.

이 전제를 가지고 상대방을 대하면, 자연스럽게 그들을 관찰하고 대화를 나누게 된다. 그 과정에서 "이 사람에게서 내가 배울 수 있는 점은 무엇일까?"라는 질문을 스스로 던지며, 상대방의 강점과 특별한 점을 찾으려는 노력을 하게 된다. 결국, 상대방에게서 배울 점을 찾으려는 태도는 단순히 학습을 넘어, 상대방을 인정하고 존중하는 가장 효과적인 방법이 된다.

그렇다면 무엇을 배울 것인가?

첫 번째는 전문성이다. 상대방이 가진 전문성을 분석한 후, 그중에서 내가 배우고 싶은 세 가지를 구체적으로 정리해 보라. 예를 들어, 직장에서 상사의 전문성을 어떻게 정의할지 고민하고, 그 안에서 배울 수 있는 부분을 기록해 보는 것이다. 가능하다면, 상사에게 이를 표현하며 반응을 살펴보는 것도 효과적인 방법이다.

두 번째는 관심사이다. 쉽게 말하면, 직무와 직접 관련이 없지만 깊이 파고든 분야, 즉 '번외 전문성'이라 할 수 있다. 상대방의 관심사를 살펴보며, "저런 분야에서도 다양한 관점과 인사이트를 얻는구나"라고 느껴보라. 이를 통해 나 또한 그 사람처럼 새로운 영역에서 나만의 번외 전문성을 키우고 지속적으로 인사이트를 얻는 기회를 가질 수 있다.

상대방의 전문성을 인정하고, 그들의 관심사에 내가 관심을 가지게 될 때, 자연스럽게 좋은 관계가 형성된다. 결국, 상대방에게서 무엇을 배울지 찾아내는 것은 단순한 학습을 넘어 상대방을 인정하는 가장 기본적인 단계이자 인간관계의 핵심이라고 할 수 있다.

칭찬과 인정으로 시작하기

그 외에도 중요한 팁 중 하나는 칭찬과 인정으로 대화를 시작하기이다. 대화를 시작할 때 먼저 상대방을 칭찬하거나 인정하는 한마디로 문을 열라는 것이다. 하지만 이게 생각보다 쉽지 않다. 특히 한국 사람들은 칭찬에 인색하거나 어색해하는 경향이 있다.

그럼에도 불구하고, 의지적으로라도 칭찬을 시도하는 것이 필요하다. 중요한 것은 적절한 타이밍이다. 데일 카네기가 제안한 이 칭찬의 타이밍은 크게 세 가지가 있다.

첫 번째는 사소한 개선이 이루어졌을 때이다.

아주 사소한 변화라도 그것을 알아보고 칭찬해 주는 것이 중요하다. 이때 칭찬은 구체적이어야 한다. 구체적인 포인트를 짚어 칭찬하면, 상대방은 그 부분에서 인정받았다는 느낌을 더욱 강하게 받는다.

예를 들어, 함께 일하는 동료나 팀원이 조금이라도 개선된 점을 보였을 때, "지난번보다 훨씬 좋아졌어요." 또는 "이 부분이 정말 깔끔해졌네요."라고 구체적으로 칭찬하며 대화를 시작해 보라. 이런 사소한 개선을 알아주고 칭찬하는 것은 좋은 관계를 형성하는 데 매우 효과적이다.

이 원칙은 다른 사람들과의 관계뿐만 아니라 코칭에서도 마찬가지다. 나는 대학 시절 수영과 스키 강사로 활동하며 이를 자주 경험했다. 초보자들이 처음 수영이나 스키를 배울 때는 동작 하나하나가 어렵다. 이때 나는 아주 작은 자세 변화라도 알아보고 칭찬했다. 예를 들어, "지금 자세가 훨씬 안정적이에요." 또는 "이번에는 호흡이 훨씬 자연스러워졌네요."라고 말하며 계속 긍정적인 피드백을 주었다.

칭찬의 핵심은 상대방이 100% 완벽해야 한다고 생각하지 말고, 1%만 변해도 인정해 주는 것이다. 구체적이고 긍정적인 피드백을 반복적으로 전달하다 보면, 작은 변화들이 쌓여 결국 큰 발전으로 이어진다.

두 번째는 좋은 레퍼런스를 제공하는 것이다.

직장에서 일을 하다 보면, 종종 "그 사람 어때? 같이 일해본 적 있지?"라는 레퍼런스 체크를 받는 일이 생긴다. 이때 긍정적인 레퍼런스를 중심으로 대답하는 것이다.

물론, 어떤 경우에는 부정적인 의견을 말해야 할 상황도 있다. 예를 들어, 그 사람이 심각한 문제를 일으켰거나 조직에 해를 끼친 경우라면 솔직하게 이야기하는 것이 필요할 수 있다. 그러나 대부분의 경우, 상대방의 강점과 긍정적인 면을 중심으로 이야기하는 것이 더 유익하다.

"같이 일해 봤는데, 정말 열정적이에요."
"프로젝트를 맡았을 때, 책임감 있게 끝까지 마무리하더라고요."

이처럼 상대방의 긍정적인 면을 부각하는 것은 단순히 상대를 돕는 데 그치지 않는다. 오히려 나 자신이 신뢰받는 사람으로 인식되도록 만들어 준다. 긍정적인 평판을 제공하는 행동은 결국 내게도 좋은 평판과 신뢰로 되돌아오게 된다.

세 번째는, 상대방의 체면을 세워주는 것이다.

그리고 어떤 상황에서든 상대방의 체면을 깎거나 망신을 주는 행동은 피해야 한다. 회의를 하다 보면 진짜 아무 생각이 없거나 이상한 소리를 하는 사람이 있을 수 있다. 이때 그 사람의 생각 없음을 드러내고 파헤치는 것은 관계를 망치는 지름길이다.

솔직히, 과거의 나는 이런 실수를 자주 했다. 상대방의 부족함을 지적하며, "그렇게 기획해서 되겠냐?" 같은 날카로운 표현으로 몰아붙였던 적이 많다. 당시에는 이런 직설적인 방식이 일을 잘하는 태도라고 믿었다. 그러나 이제는 그럴 필요가 없었음을 깨닫게 되었다. 상대방의 체면을 살리는 방식이 훨씬 더 효과적이고, 관계를 유지하며 성과를 이끌어내는 데 도움이 된다.

교정과 피드백은 반드시 일대일로 진행해야 한다. 공개적으로 누군가의 실수를 지적하면, 그 사람의 자존심을 크게 상하게 할 수 있다. 특히 팀 안에서 상대방의 체면을 세워주는 것은 신뢰를 구축하는 중요한 방법이다.

데일 카네기의 조언을 읽다 보면, 자연스럽게 나 자신을 돌아보게 된다. '아직도 내가 이런 실수를 하고 있구나.' 이런 생각이 자주든다. 책의 여러 부분에 메모를 남겨두곤 한다. "이때 내가 정말 잘못했구나."라고 느낀 구체적인 사건들을 기록해 두는 것이다.

매일 스스로를 피드백하며, 당시의 상황을 최대한 상세히 적어본다. 그러다 보면 비슷한 상황이 다시 왔을 때 실수를 반복하지 않게 된다. 설령 동일한 실수를 또 하더라도, 끝나고 나면 즉각적으로 피드백을 통해 개선할 수 있다.

칭찬과 인정으로 대화를 시작하는 습관은 연습이 필요하다. 처음에는 어색할 수 있다. 하지만 이를 꾸준히 실천하면, 상대방과의 관계는 물론이고 그들의 성취에도 긍정적인 변화를 가져올 수 있다. 오늘부터 사소한 변화라도 칭찬으로 표현하는 연습을 해보라. 이를 통해 당신의 관계와 커뮤니케이션 방식이 한층 더 성장하게 될 것이다.

DAY 10 '인정' 과제

이형 이형

> **Q** 상사 혹은 상사였던 분의 전문성을 정의하고, 배우고 싶은 점을 3가지로 정리하기.
> 그리고 가능하면 상사분께 표현해보고 반응을 보기

🗓 2024년 12월 13일 금요일 >

 하은   Youtube 댓글

A - 전문성 : 협상력, 문제해결능력, 긍정적인 마인드로 도전

1. 협상력: 고객이 필요한 것을 캐치하고 그것을 제시하며 자신감있게 협상하는 태도. 대표님께서 전시회에 가서 고객들을 만나며 회사의 제품을 소개할 때, 자신의 제품을 신뢰하게 만들어주며 그들의 니즈를 충족시켜주는 점이 멋지다고 생각했습니다.

2. 문제해결능력: 어떤 문제에 직면했을 때, 해결책을 이끌어내기 위해 다각도로 생각하는 점, 해외영업 직무의 경우 수출 한 건을 진행할 때도 문제가 종종 발생하는데, 이러한 문제들이 발생했을 때 낙담하기보다는 해결하기 위해 어떻게 해야할지 계속 생각하고 그 결과 해결해가는 것이 대단하다고 생각했습니다.

3. 긍정적인 마인드: 일을 하다보면 스트레스를 받을 때가 무척 많은데, 과장님은 어떤 일이든 긍정적인 부분을 먼저 보고 그것을 말로 표현하는 것이 배우고 싶습니다.

여담: 여행을 담다   Youtube 댓글

> A 1. 유연함
> 2. 포용력
> 3. 분위기메이커(농담과 친화력)
> 팀장님은 잘 들어주고 경청해주셔서 맘 터놓고 잘 얘기할 수 있다고 얘기드
> 렸어요! ㅎㅎ 팀장님도 장점으로 알고계셨고 나같은 팀장 없다고 하며 재밌
> 게 받아주셨습니다.:)

 황*웅   CHANGE UP 과제

> A 상사 배울 점 3가지
> 1. 업무 지시 당시 개인 눈높이의 맞춰 제시하고 목표를 명확하게 설명
> 2. 같은 상황에서 각자 다른 의견이 나올 때 조율하여 모두 의 공감을 이끄는 점
> 3. 오래 일하는 꾸준함

📅   Today 오늘 >

대체되지 않는 사람 **나**

 ♥ 7 👍 3

157

이나모리 가즈오
『 왜 일하는가 』

이 책을 추천하는 이유는 크게 세 가지다. 이나모리 가즈오는 일본에서 '경영의 신'으로 불리는 인물이다. 이 책의 저자는 현실적인 기업가이면서도 그의 경영 방식에 철학적 깊이가 깃들어 있다. 특히 아메바 경영이라는 그의 저서는 매우 잘 알려져 있다. 그는 회사가 아메바처럼 세부 단위 조직들이 유기적으로 움직이는 구조를 가져야 한다고 주장하며, 이를 하나의 체계적인 시스템으로 제안했다. 이 시스템에는 그의 깊은 철학이 녹아 있다.

이 책은 단순한 이론서가 아니다. 대학 교수들의 이론처럼 조건을 모두 제거한 이상적인 상황에서 만들어진 내용이 아니다. 이 책은 저자가 실제 비즈니스 현장에서 부딪히며, 직접 문제를 해결하며 얻은 통찰과 경험이 담긴 실질적인 이야기다.

이 책은 저자가 직접 경험한 사례와 스토리로 구성되어 있다. 그래서

이나모리 가즈오
Inamori Kazuo
1932 – 2022

때때로 다소 두서없게 느껴질 수도 있다. 저자인 이나모리 가즈오는 베스트셀러를 다수 출간했지만, 그의 정체성은 작가가 아니라 기업가다. 그는 책을 일목요연하게 잘 쓰거나 베스트셀러를 목표로 한 것이 아니라, 다음 세대의 CEO들과 청년들에게 명확한 메시지를 전달하기 위해 이 책을 썼다.

이 책은 일의 의미와 목적에 대해 깊이 고민하게 만드는 많은 질문들을 제시한다. 책을 읽으면 현재의 상황을 다른 관점에서 바라볼 수 있게 되고, 나에게 주어진 상황을 새롭게 이해하며 중요한 성장의 기회를 발견할 수 있다. 현재 자신의 일과 삶을 돌아보고 성장의 방향성을 찾고자 한다면, 이 책은 당신에게 꼭 추천하고 싶은 훌륭한 책이다.

돈과 상관없이
평생 하고 싶은 일이
무엇인가?

의미

의미

이 책에서 첫 번째로 다루게 될 주제는 '일의 의미'이다. 『왜 일하는가』는 이전에 다뤘던 피터 드러커와 데일 카네기의 내용을 바탕으로, 그 모든 것을 종합적으로 완성하는 역할을 한다. 다양한 주제를 아우르지만, 핵심은 결국 일의 의미와 내가 선택할 커리어에 대한 답을 찾는 데 있다.

이 책이 던지는 가장 본질적인 질문은 "왜 일하는가?"이다. 이 질문을 통해 우리는 "이것이 내가 하는 일이고, 이것이 내 삶의 의미다."라는 명확한 방향성과 목적을 발견할 수 있다. 이 과정에서 대체되지 않는 사람이 가지는 일에 대한 관점과 태도를 정립할 수 있으며, 이를 잘 준비한 사람은 면접과 같은 중요한 자리에서 자연스럽게 두각을 나타낼 것이다.

나는 이 책을 다시 읽으며 스스로에게 질문했다. '내가 하는 일의 진정한 의미는 무엇일까?' 그러던 중, 2장의 제목이 눈에 들어왔다. '일을 사랑하는가?'

이나모리 가즈오는 자신의 일을 사랑하는 사람이 가장 행복한 사람이라고 말한다.[29] 이 말에 나는 깊이 공감한다. 요즘같이 어려운 시기에, 자신이 하고 있는 일에서 의미를 찾고 그 일을 사랑할 수 있는 사람만이 이 시간을 견디고 나아갈 수 있다. 그렇기 때문에 직무를 선택할 때는 정말 신중해야 한다. 자신이 사랑할 수 있는 일을 찾는 것이야말로 행복과 성공의 시작이기 때문이다.

이 책을 꼭 추천하고 싶은 사람은 다음과 같다.

1. 앞길이 막막하다고 느껴지는 사람

2. 직무 혹은 산업을 선택하는 과정에서 고민하고 있는 사람

3. 매너리즘과 번아웃을 경험하고 있는 사람

4. 회사에서 배울 사람이 없거나, 배울 것이 없다고 느끼는 사람

5. 성장에 대한 열정이 있지만, 방향성을 찾지 못한 사람

당신은 이 다섯 가지 중 몇 개에 해당하는가? 내 앞길이 막막하다고 느끼며 직무나 산업을 아직 선택하지 못한 취업준비생이 있을 수 있다. 또는 어렵게 취직했지만, 직장에서 매너리즘과 번아웃을 경험하며 방향성을 잃어버린 직장인이 있을 수도 있다.

이 책은 그러한 막막함 속에서 길을 잃은 사람들에게 새로운 관점을 제시한다. 단순히 일을 수행하는 데 그치는 것이 아니라, 매일 반복되는 똑같은 일 속에서도 의미와 가치를 발견할 수 있는 방법을 알려준다.

또한, 회사에서 배울 사람이 없거나 배울 것이 없다고 느끼는 사람도 있을 것이다. 그러나 이 책을 통해 깨닫게 되는 것은, 배움은 결국 나 자신의 책임이라는 사실이다. 조직이나 상사가 배움을 제공해 주기를 기다리는 것이 아니라, 스스로 배울 사람을 찾고, 배울 것을 발견하는 주도적인 태도가 필요하다. "우리 회사에서는 배울 게 없어."라고 생각하는 사람은, 설령 훌륭한 시스템을 갖춘 회사에 가더라도 결국 비슷한 결론에 도달할 가능성이 크다.

흔히 자신이 좋아한다고 생각했던 일을 시작한 후, 기대와 현실의 차이에 실망하는 사람들이 많다. 반면, 처음에는 "내가 왜 이런 일을 해야 하지?"라며 회의적으로 시작했지만, 시간이 지나면서 그 일을 사랑하게 되는 사람들도 있다. 흥미로운 점은, 후자의 경우 어떤 업무를 맡든 새로운 일을 사랑하게 되는 경향이 있다는 것이다.

이 차이를 만드는 것은 결국 일을 대하는 태도와 관점이다. 맡은 일이 처음부터 나와 완벽히 맞을 가능성은 낮다. 하지만 중요한 것은, 그 일 속에서 의미를 발견하고, 나만의 가치를 더하려는 노력이다. 이러한 태도를 가질 때, 우리는 결국 그 일을 사랑하게 되고, 나아가 그 일이 주는 성취와 보람을 경험할 수 있다.

나 역시 돌아보면 그랬던 것 같다. 회사 생활을 하며 인사 업무만 한 것이 아니라, 마케팅, 재무, 기획, 영업 등 다양한 일을 경험했다. 그러나 새로운 일을 맡을 때마다 "나는 인사인데 왜 나에게 이런 일을 시켜?"라고 불만을 가지기보다는, "인사 출신이 기획을 맡으면 어떻게 사업이 바뀌는지 내가 보여주겠어"라는 식으로 생각했다. 예를 들어, "인사 출신이 재무 구조를 재설계하면 어떻게 되는지 내가 한번 보여주고 싶어."라는 마음가짐이었다.

왜냐하면 내가 인사 업무를 하면서 "사람이 제일 중요하고 핵심이다"라는 신념을 가졌기 때문이다. 그래서 기획 업무를 맡을 때도 인사를 잘하기 위한 전략 기획을 세웠고, 사업 구조를 재편할 때도 인사가 더 잘 이루어질 수 있는 방향으로 접근했다. 결국 내가 맡은 다양한 업무들이 나의 인사 전문성과 연결되었고, 이를 통해 더 큰 성과를 만들어낼 수 있었다.

중요한 것은 단순히 새로운 일을 맡는 것 자체가 아니라, 그 일이 내 전문성을 더 극대화시킬 수 있는 기회라는 점을 인식하는 것이다. 이 관점이 일을 사랑하게 되는 중요한 이유가 되었다.

나는 왜 일하는가?

"왜 일하는가?"라는 질문에 대한 이 책의 결론은 흥미롭게도 더 많은 돈을 벌거나 더 높은 자리에 오르기 위해서가 아니다. 저자는 이 질문에 답을 찾아야 하는 이유를 '더 가치 있는 인생을 살기 위해서'라고 강조한다.[30] 우리 모두에게 가치 있는 인생을 살아가는 것은 중요한 화두다.

요즘 취업준비생들 사이에서 유행하는 최고의 덕담은 '적일많버'이다. 이는 '적게 일하고 많이 벌라'는 뜻으로, 최대한 적은 노동으로 최대한 많은 보상을 받는 것을 이상적인 목표로 삼는 표현이다. 그러나 이 책은 이와는 정반대의 메시지를 전달한다. 진정한 행복은 일을 통해 기쁨과 의미를 발견하는 데서 온다는 것이다.

저자는 우리에게 이렇게 묻는다. "일 그 자체가 즐겁고, 의미가 있으며, 기쁠 수는 없는가?" 이 질문은 단순히 직업적 선택을 넘어, "당신은 어떤 인생을 살고 싶은가?"라는 근본적인 질문과도 연결된다. 단지 결과만을 추구하는 삶이 아니라, 그 과정 속에서 기쁨과 몰입을 느끼는 삶. 이것이야말로 진정한 가치와 행복을 실현할 수 있는 길이라고 이 책은 말한다.

"왜 일하는가?"라는 물음에 답하기 위해 생각해보아야 할 세 가지 질문이 있다.

1. 돈과 상관없이 평생 하고 싶은 일이 무엇인가?
2. 나에게 워라밸과 높은 연봉보다 더 중요한 것은 무엇인가?
3. 내가 하고 있는 일을 더 잘하기 위해 지금 어떤 학습을 하고 있는가?

첫 번째 질문: 돈과 상관없이 평생 하고 싶은 일이 무엇인가?

이 질문은 소득을 얻기 위한 수단을 넘어, 진정으로 평생 몰두하고 싶은 일이 무엇인지 묻는 것이다. 나에게 있어 평생 하고 싶은 일은 데이터를 활용해 HR 문제를 해결하는 것이다. 이 일이야말로 내가 정말로 하고 싶은 일의 본질이다.

우리 회사는 '대한민국 인사팀'이라는 정체성을 가지고 있다. 많은 기업과 다양한 분야에서 인재와 관련된 고민을 해결하는 것이 내가 하는 일의 진정한 의미다. 유튜브나 사업은 어느 순간 중단할 수도 있다. 하지만 내가 어떤 기업에 속하든, 사업을 하든, 혹은 사단법인을 운영하든 상관없이 데이터를 수집하고 분석하는 일은 멈추지 않을 것이다. 이 데이터를 바탕으로 사람들에게 방향을 제시하고, 의미 있는 변화를 만들어내는 일이 내가 평생 하고 싶은 일이다.

이제 당신에게 묻고 싶다. 돈과 상관없이, 평생 동안 하고 싶을 만큼 당신의 열정을 자극하는 일은 무엇인가? 이 질문에 깊이 생각해 보길 바란다.

두 번째 질문: 나에게 워라밸과 높은 연봉보다
더 중요한 것은 무엇인가?

이 질문은 더 깊고 본질적인 성찰을 요구한다. 나에게 워라밸과 높은 연봉보다 중요한 것은 무엇일까? 이것을 발견할 때 일의 의미를 발견할 수 있다.

나는 퇴근 후에도 책을 읽는다. 그 이유는 단순하다. 구독자들과 청년들에게 가치 있는 콘텐츠를 발굴해 제시하기 위해서다. 책을 읽고, 신문을 보며, 새로운 아티클을 찾아보는 과정을 반복한다. 그리고 지금까지 내가 만들어온 콘텐츠와 시스템에 이를 어떻게 연결시킬지 끊임없이 고민한다. 이 과정은 단순히 직업의 연장이 아니다. 나에게는 평생 해야 할 일이자 삶의 핵심 가치다. 따라서 워라밸이나 높은 연봉보다 이 일이 나에게 더 소중하다.

세 번째 질문: 내가 하고 있는 일을 더 잘하기 위해 지금 어떤 학습을 하고 있는가?

AI 기술이 빠르게 발전하고 있는 지금, 여전히 노력과 열정만으로 성과를 내려고 하는 사람들이 있다. 하지만 단순히 열심히 일하는 것만으로는 더 이상 충분하지 않다. 이제는 AI를 업무에 어떻게 통합하고 활용할지를 고민하고, 이를 배우는 과정이 필수적이다. 그렇기 때문에 "당신은 무엇을 학습하고 있는가?"라는 질문은 그 어느 때보다도 중요한 의미를 가진다.

내가 AI를 배우고 활용하는 이유는 명확하다. 데이터를 더 잘 분석하고, 더 깊이 이해하며, 이를 통해 더 나은 결과를 만들어내기 위해서다. AI는 단순히 도구를 배우는 것을 넘어, 내가 평생 하고 싶은 일과 직접적으로 연결되어 있다. 데이터를 다루는 내 업무를 새로운 차원으로 끌어올리고, 이를 통해 세상에 더 의미 있는 변화를 만들어내는 것이 내 목표다. 이런 이유로 나는 지금도 새로운 도구와 방법론을 배우고, 이를 업무에 적용하며 스스로 성장하고 있다.

그렇다면 당신은 지금 어떤 학습을 통해 자신의 일을 더 잘하려하고 있는가? 이 질문에 대해 진지하게 고민하고 답을 찾는 것은, 당신의 커리어와 삶에서 가장 중요한 출발점이 될 것이다.

결국, 일의 의미를 찾는 여정은 자신을 이해하고, 삶의 본질적인 질문에 답하는 과정이다. "왜 일하는가?", "무엇을 위해 일하는가?"라는 물음은 단순히 커리어나 성공의 방향성을 넘어, 당신이 어떤 인생을 살고 싶은가에 대한 고민으로 이어진다. 일이 단순히 생계를 위한 도구가 아니라, 나의 가치와 열정을 담아내는 삶의 일부가 될 때, 우리는 진정한 성취감과 행복을 느낄 수 있다. 당신은 오늘 어떤 의미로 일을 하고 있는가? 이 질문에 대한 답이 당신의 커리어와 인생을 빛나게 할 것이다.

DAY 11 '의미' 과제

 이형

> **Q** 나에게 있어서 일의 의미를 현재 하는 일 혹은 지원
> 하고자 하는 직무와 연결해서 작성해보기

📅 2024년 12월 16일 월요일 >

 벤저민   Youtube 댓글

> **A** - 일의 의미: 신뢰의 인간관계 형성, 사회의 공헌
> - 제가 하고 싶은 직무는 영업입니다. 영업은 자사의 상품을 통해 소비자
> 들에게 직접 판매해야 합니다. 타인이 저에게 가장 신뢰를 표현할 수 있는
> 수단은 '시간'과 '돈'입니다. 영업은 상품을 통해 '돈'을 얻어야 하는 입장에
> 서 상대방에게 신뢰를 얻어야 하며 이는 이 일을 하는 이유이자 행복함이
> 라고 생각합니다. 또한 상품를 통해 소비자의 '시간', '수고로움'을 덜거나
> 소비자의 '기쁨', '편안함', '만족감'을 얻을 수 있어 하루를 무사히 보내는
> 것에 기여한다면 그것이 사회의 공헌이라고 저는 생각합니다.

 정만두   Youtube 댓글

> **A** 디자이너에서 콘텐츠 기획자로 이직 준비중이지만, 최종 목표인 쉼표가
> 있는 사람들(백수)에 대한 인식을 긍정적으로 변화시키는 브랜드로 새로
> 운 문화를 만들고 싶습니다. 이 댓글을 시발점으로 정말 목표를 이루고 싶
> 고, 기회가 된다면 이형님과 콜라보(?)도 해보고 싶네요!

H.J. Choi   Youtube 댓글

🅰 [직무]: 리스크 관리
[일의 의미]: 금융 위기는 많은 사람들을 불행하게 하고, 큰 사회적 이슈가 됩니다. 리스크관리를 통해 이런 위험성을 사전에 인식하고 관리하여 회사의 자산 뿐 만 아니라 고객들의 자산의 지키는 역할을 수행해, 고객들의 행복에 기여하고 싶습니다.

고*영   CHANGE UP 과제

🅰 개발 출신이 이 일을 맡으면 어떻게 결과를 내는지 내가 보여 주겠다.
어떠한 일을 하더라도, 이 일은 나의 전문성을 극대화 시킬 기회다! 라는 마음가짐으로 일하기.
[적용할 점]
업무를 할 때, 이 업무는 왜 하는가 라는 목표 설정만을 하고 진행했었다. 앞으로는 목표 설정에 추가하여 어떻게 내 직무를 더 성장시킬 수 있을까에 대한 고민도 틈틈이 같이 해야 겠다고 생각하는 글이었다.

📅   Today 오늘 >

대체되지 않는 사람 **나**

❤ 7 👍 3

173

개인적으로 나는 연구가 잘 진행되면 순수하게 기뻐하고
누군가가 성과를 칭찬해주면 온 마음을 다해 감격했다.
그런 기쁨의 감정을 원동력으로 삼아
더욱 일에 몰두할 수 있었다.[31]

이나모리 가즈오

성취

성취

우리가 지금 하고 있는 과정은 마인드 세팅이다. 마인드셋은 우리가 세상을 바라보는 방식이며, 이는 곧 인성의 기초가 된다. 그리고 인성은 결국 관점으로 드러난다. 즉, 마인드셋 → 인성 → 관점은 서로 연결되어 있으며, 대체되지 않는 사람들의 핵심 자질이다. 우리의 목표는 이러한 공통점을 학습하고, 이를 내 삶에 실제로 적용하는 것이다.

이나모리 가즈오는 "왜 일하는가?"라는 질문에 답을 찾은 사람은 결국 일 자체를 좋아하게 된다고 말한다.[32] 이는 단순히 일을 통해 생계를 유지하는 것 이상의 차원이다. 그러나 이나모리 가즈오는 여기서 한 걸음 더 나아가 심화된 통찰을 제시한다. 그는 일을 좋아한다고 느끼는 사람들조차 사실은 일 자체를 좋아하는 것이 아니라, 그 일을 통해 얻는 성취를 좋아하는 것이라고 강조한다.

일을 하다 보면 크고 작은 성취들이 있다. 예를 들어, 코딩을 하다가 복잡한 버그를 찾아내는 것, 마케팅을 하면서 유입을 늘릴 수 있는 키워드를 발견하는 것 등이 있다. 비록 이런 성취가 엄청난 결과로 이어지지 않더라도, 이러한 작은 변화에서 성취감을 느끼는 사람이 살아있는 사람이다. 이런 사람들은 주변에서 종종 이런 이야기를 듣는다.

"야, 돈 받는 만큼만 해라. 너 왜 그렇게까지 하냐?
쉽게 쉽게 해. 왜 인생을 피곤하게 사냐?"

만약 이런 말을 듣고 있다면, 당신은 이미 올바른 길을 가고 있는 것이다. 계속해서 지금처럼 성취를 추구하며 살아간다면, 그 결과는 명확하다. 이직을 하더라도 잘 풀리고, 회사에서도 승진하며, 사업을 해도 성공할 가능성이 높아진다. 결국, 돈도 많이 벌게 되고, 사회적 인정도 받으며, 결과적으로 행복한 삶을 살게 될 것이다.

일을 좋아하는 사람이 일을 잘한다

이 책에서는 "일을 사랑하라"는 표현이 자주 등장한다. 기본적으로 일을 좋아하는 사람이 일을 잘할 수밖에 없다. 이는 축구를 좋아하는 사람이 축구를 잘하게 되고, 개발을 좋아하는 사람이 개발을 잘하게 되는 것과 같은 원리다.

예를 들어, 개발과 관련된 국비 교육을 받고 자격증을 하나쯤 취득해 취업에 성공한 사람이 있다고 해보자. 하지만 정작 개발이라는 일 자체를 좋아하지 않는다면, 그 일에서 전문성을 발휘하기는 어려울 것이다.

코드를 리뷰하고, 디테일을 따지는 과정을 즐기지 않는 사람은, 버그가 발생할 때마다 그 문제를 찾아내고 고칠 때 희열을 느끼는 사람과 경쟁할 수 없다. 기본적으로 일을 좋아해야 전문가가 될 수 있다. 반대로, 일을 좋아하지 않는 사람은 결국 아마추어 수준에 머물 수밖에 없다. 전문성은 단순히 기술을 배우는 것에서 끝나지 않고, 그 일을 즐기는 과정에서 비롯된다.

그러나 자신이 좋아하는 일을 선택해 평생 직업으로 삼는 사람이 과연 몇 퍼센트나 될까? 만약 내가 꿈에 그리던 직장에 들어간다 하더라도 그곳에서 내가 원치 않는 부서에 배치될 수도 있다. 어쩌면 우리 대부분은 인생의 첫 커리어를 시작하는 시점에 좋아하지 않는 일을 해야만 할 수도 있다.

이나모리 가즈오는 이에 대해 자신이 하고 있는 일을 천직이라고 믿어버리라고 조언한다.[33]

천직은 단어 그대로 하늘이 정해준 직업을 의미한다. 한 사람의 사명과도 같으며, 바꿀 수 없는 일이다. 여기서 하늘이라는 개념은 절대자나 신의 존재를 상징한다. 천직이라는 단어는 유교적인 배경을 가지고 있지만, 기독교에서는 이를 사명 또는 콜링calling이라고 표현하기도 한다.

이나모리 가즈오는 "내가 하는 일이 천직이라고 믿어버리면, 그 일을 좋아하지 못하더라도 최선을 다할 수 있다"고 말한다.[34] 왜냐하면 그것이 자신에게 주어진 일이기 때문이다. 현재 내가 하는 일에 천직이라는 관점을 적용해 보는 것은 아주 중요한 태도다.

나 또한 지금 내가 하고 있는 일이 천직이라고 믿는다. 개인적으로 신앙을 가진 사람으로서, 이 일이 하나님이 나에게 맡기신 일이라고 생각한다. 그래서 아무리 힘들고 하기 싫은 순간이 와도 이 일을 그만둘 수 없다. 나는 대한민국 청년들에게 형이 되어주고 실질적인 도움을 주는 것이 내 역할이라고 믿는다. 그렇기에 힘든 순간이 와도 쉽게 포기할 수 없다. 누군가는 단순한 직업이라 생각할 수 있지만, 나에게는 사명과 같다. 천직이란 결국, 내가 하는 일에서 가치를 발견하고 책임을 다하려는 태도에서 비롯된다.

천직은 선택이 아닌 사명이다. 사람이기 때문에 나도 "이제 그만두고 싶다."라는 생각이 들 때도 있다. 하지만 천직이기 때문에 쉽게 바꿀 수 없다. 천직이란, 그 일을 좋아할 수는 없어도 최선을 다하는 것이다. 상황은 바꿀 수 없더라도, 싫어하는 마음은 해결할 수 있다.

이런 이유로 나는 내 일을 좋아하기로 결정했고 그러자 실제로 내 일을 사랑하게 되었다. 나는 방송을 준비하는 시간이 가장 즐겁다. 매일 경제 신문을 읽으며 "이건 꼭 구독자들과 나눠야겠다", "이 회사는 추천해줘야겠다"라는 것들을 정리한다. 이런 과정을 통해 행복감을 느끼고, 가치를 깨닫는다. 또한, 내가 성장하고 있다는 확신을 얻는다. 새로운 기업을 찾고, 새로운 콘텐츠를 개발하는 동력은 바로 이러한 천직의 관점에서 나온다.

따라서 당신이 현재 하고 있는 일이나 앞으로 지원하고자 하는 일에 대해 천직의 마음을 가지는 것이 필요하다. 지금 하고 있는 일이 단순한 생계 수단이 아니라, 자신의 사명과 연결된다고 믿는 태도가 중요하다.

당신이 하고 있는 일의 의미를 깊이 고민하고, 자신만의 천직이 무엇인지 찾아가는 과정이야말로 진정한 실력자가 되는 길이다.

자, 이제 생각해 보아야 한다. "왜 그렇게까지 해야 하지?", "왜 내가 프로가 되어야 하지?"라는 질문에 대한 답을 찾아야 한다. 그 답은 간단하다. 그것이 즐거운 인생이기 때문이다. 프로가 된 사람들은 돈을 많이 벌고, 어디를 가든 인정받는다. 사람들은 그런 프로와 함께 일하고 싶어 하고, 무엇보다 다가오는 시대에 대체되지 않는 사람이 된다.

프로들과 함께 일하면 일이 재미있어진다. 내가 어렵다고 생각했던 문제들이 그들과 함께하면 쉽게 해결된다. 프로들과 협업을 경험해 보면, 그 자체로 일이 즐겁고, 성취감을 느낄 수 있다. 다시 한번 강조하지만, 우리는 일을 좋아하는 것이 아니라, 성취를 좋아하는 것이다. 그 성취가 일을 더 즐겁게 만들고, 삶에 활력을 불어넣는다.

작은 변화에서 오는 기쁨

아무리 내가 일을 사랑하고 성취감을 느낀다 하더라도, 고행하듯 힘든 일만 계속된다면 그 일을 지속하기는 어렵다. 중요한 것은 그 과정에서 기쁨을 발견하는 것이다.

그렇다면 성취란 무엇인가? 성취는 거창하거나 엄청난 변화에서만 오는 것이 아니다. 성취는 작은 변화에서 오는 기쁨이다. 예를 들어, 해결하지 못했던 문제를 풀거나, 새로운 아이디어를 실현시키는 작은 성공들이 이에 해당한다.

이처럼 작은 변화에서 오는 기쁨이 쌓이면, 그것은 결국 우리의 삶을 행복하게 만든다. 중요한 것은 사소한 변화에도 기쁨과 감동을 느끼고, 그것을 표현하는 태도이다. 이러한 태도가 바로 내 일을 사랑하게 만드는 가장 구체적이고 실제적인 방법이다.

우리 회사는 노코드 개발을 통해 혁신적인 HR테크 서비스를 직접 만들어가고 있다. AI를 활용한 다양한 툴들이 매 분기 새롭게 개발되고 있으며, 이를 실제로 활용하면서 작은 변화에서 오는 즐거움과 기쁨을 느낀다. 예를 들어, 자소서 메이트와 경력기술서 메이트 같은 놀라운 서비스들이 출시될 때마다 큰 성취감을 얻는다.

우리 회사의 대표 취업 커뮤니티 프로그램인 '체인지업'은 초기에는 구글 공유문서나 노션 같은 툴들을 활용해 운영되었다. 하지만 이제는 자체 개발한 시스템으로 모든 과정을 통합했다. 이 시스템 덕분에 참여자들의 활동 데이터를 수집하고 분석할 수 있게 되었고, 이를 기반으로 맞춤형 피드백을 제공할 수 있는 체계가 완성되었다.

특히 우리는 한 명 한 명의 경험과 자기소개서를 하나하나를 세세히 피드백할 수 있는 알고리즘을 개발하고 있다. 이 모든 과정을 직접 만들어가는 것이 나에게는 큰 행복이다. 1년 전과 비교했을 때 우리가 만들어낸 변화들을 보면 감개무량하다. 경제 상황이 어렵고 외부 환경이 녹록지 않은 가운데서도, 우리의 작은 변화와 시도들에서 오는 기쁨이 내 열정의 원천이 되고 있다.

요즘 내가 가장 행복한 순간은 데이터 피드백 과정을 진행할 때다. 과제 하나하나를 보며 분석하고, 해결책을 고민할 때마다 큰 기쁨을 느낀다. 예를 들어, "야, 이렇게 개념 없이 썼구나!" 하고 말하면서도 그 개념 없음을 통계화하고, 유형과 패턴을 찾으며, 이를 해결하기 위한 솔루션들을 만들어내고 있다. 이러한 작은 변화와 도전이야말로 일을 즐기고 사랑하는 구체적인 방법이라고 확신한다.

결국 중요한 것은 좋아하는 일을 찾거나, 지금 하는 일을 좋아하는 것이다. 당신이 어떤 길을 선택하든, 작은 성취와 기쁨을 느끼며 그 과정에 도전해 보라. 연봉은 무시할 수 없는 중요한 요소지만, 연봉과 상관없이 자신이 하는 일을 통해 삶의 의미를 발견하는 것이야말로 궁극적으로 행복한 삶을 만드는 방법이다.

DAY 12 '성취' 과제

 이형

Q 작은 변화에 정말 크게 기뻐했던 나의 전문성의 변화가 무엇인지를 한번 찾아보기

📅 2024년 12월 17일 화요일 >

 우리 모두 힘내요 파이팅　　Youtube 댓글

A 올해 6월부터 대학교에서 현장실습을 나갔습니다.
대학교에서 이론으로만 배웠던 내용을 실제로 해보니 어려웠지만 신기하고 재미있었습니다. 하지만 사회 초년생이었던 저는 일을 잘하지 못하였고 사수분께선 그런 저를 좋아하시지 않았습니다.
사수분의 시선을 바꾸기 위해서는 변화된 모습이 필요하다고 생각이 들었습니다. 이에 현장에서 쓰는 공구 및 자재들의 명칭을 빠르게 습득하기 위해 저만의 파일을 만들어 공부하였고 도면을 보며 그날의 작업에 필요한 공구를 미리 준비하는 등의 노력하였습니다.
이러한 변화에 사수분께서 "잘했어", "잘하고 있어"라고 칭찬해주셨고 정말 기뻤던 기억이 있습니다.

 하은　　Youtube 댓글

A 올해 6월부터 11월까지 인턴으로 근무하면서 두바이 바이어와 직접 영어로 통화하며 그들의 니즈를 파악한 점이 기뻤어요! 보통 연락은 과장님이나 대표님에게 하는데 저한테 연락이 왔어요!
긴급하게 물품이 필요해서 저한테까지 연락을 했지만 처음으로 바이어와 유선으로 통화한 일이라서 기뻤습니다!

184

방*담   CHANGE UP 과제

A 스터디를 하면서 매일 목표를 적고 피드백 시간을 가지고 서로 잘했다고 박수 치면서 작은 목표들을 이루는 성취감을 느꼈다. 내가 스터디 장을하면서 이 방식이 도움이 되는게 맞나? 쓸때없는짓 하는것은 아닌가 생각했지만 아니다는것을 이번 글을 통해 알게되었다. 내 박수와 응원으로 우리스터디원 모두가 자신의 일에 보람과 즐거움을 느꼈으면 좋겠다!

윤*원   CHANGE UP 과제

A 교생실습을 하며 반 학생들과 친해지기 위해 노력했다. 2주밖에 안되는 짧은 시간이었지만 라포 형성을 위해 첫 조례 때 내 소개를 하며 학생들에게 '나를 소개해봐요'라는 활동지를 만들어 나눠주었다. 그 활동지에 적힌 학생들의 취미, 관심사 등을 파악해서 쉬는시간에 그에 맞는 주제로 대화를 시도했다. 교생 마지막날에도 간식과 함께 학생들 각각에게 다른 쪽지를 적어 나눠주었고 그 덕분에 소심한 학생들도 마지막에는 상담실에 따로 찾아와서 편지를 주거나 감사하다는 말을 했다.
짧은 시간이었지만 학생들이 내게 마음을 조금씩 여는 모습이 보여 기뻤던 경험이 있다.

📅   Today 오늘 >

대체되지 않는 사람 **나**

♥ 7   👍 3

185

의도가 없었음에 두려워하라.
의미가 없었음에 두려워하라.
의지가 없었음을 두려워하라.

도전

도전

대체되지 않는 사람들은 반드시 도전을 한다. 당신은 어떤 도전을 하고 있는가? 올해 했던 가장 큰 도전은 무엇인가? 아침에 일찍 일어나기로 결단한 것, 마라톤 완주에 도전한 것 등등 여러가지를 떠올릴 수 있다. 그렇다면 그러한 도전들이 당신의 커리어에 어떤 도움이 되었는가? 이것을 연결해 봐야 한다.

자연성 인간, 가연성 인간, 불연성 인간

이나모리 가즈오는 세상에 세 종류의 사람이 있다고 말한다. 그것은 자연성 인간, 가연성 인간, 불연성 인간이다.[35] 이 세 가지 유형은 각각 다른 특성을 가지고 있으며, 개인의 성장과 인간관계에 큰 영향을 미친다.

자연성 인간

자연성 인간은 스스로 동기부여가 되고 에너지를 발생시키는 사람이다. 이들은 끊임없이 새로운 것을 시도하며, 계속 활활 타오르는 사람이다. 자연성 인간이 가진 특징은 일단 번아웃이나 현타 같은 것이 없다. 잠깐 낙심할 수는 있지만, 이를 금방 극복하고 새로운 도전으로 연결한다. 그리고 지속적으로 성장한다. "작년에는 저런 사람이 아니었는데, 몇 년 만에 어떻게 저렇게 바뀌었지?"라는 말을 들으며 주변 사람들에게 긍정적인 영향을 끼친다. 그리고 주변의 사람들에게 그 불이 옮겨붙는다. 이들의 에너지는 전염성이 있으며 그 열정은 주변으로 퍼져나간다. 이것이 자연성 인간의 특징이다.

가연성 인간

가연성 인간은 자기 혼자 있을 때는 불이 붙지 않지만, 자연성 인간을 만나면 그 열정이 폭발적으로 타오를 수 있는 사람이다. 이들은 스스로 동기를 만들어내지는 못하지만, 적절한 자극이 주어지면 강력한 에너지를 발산한다. 그러나 가연성 인간 끼리는 서로 붙어 있어도 불이 붙지 않는다. 반드시 자연성 인간과 연결되어야 한다.

불연성 인간

불연성 인간은 자연성 인간과 함께 있어도 불이 붙지 않는다. 이들은 주변에 부정적인 이야기와 "안 된다"는 말을 반복하며, 다른 사람들의 에너지를 고갈시킨다. 불연성 인간과의 관계는 나의 성장과 도전을 방해할 수 있다.

당신의 주변 사람들을 자연성 인간, 가연성 인간, 불연성 인간으로 분류해보라. 가족, 학교, 직장 등 내가 속했던 조직과 연결된 사람들을 떠올리고, 그들의 이름을 마인드맵으로 그려보는 것이다. 그리고 그 사람들을 이 세가지 기준으로 나눠보라. 자연성 인간은 언제나 에너지가 넘치고, 그들과 함께 있으면 당신도 그 에너지에 이끌리는 사람들이다. 반면, 불연성 인간은 당신의 에너지를 고갈시키는 존재다. 이들은 부정적인 태도와 비관적인 말로 주변 사람들에게 영향을 끼치며, 스스로 변화하거나 발전하려는 의지가 약하다.

이것을 정확히 분류한 뒤, 당신이 해야 할 중요한 일은 불연성 인간과의 관계를 정리하는 것이다. 불연성 인간의 인생을 당신이 책임질 수는 없다. 만약 그들과의 관계가 불가피하다면, 그들과의 상호작용에서 에너지를 최소화하고 적절한 거리를 유지해야 한다. 이것은 나에게 도움이 되는 사람이면 가까이 지내고 도움이 안 되면 버리라는 뜻이 아니다. 사람은 누구나 끼리끼리 만나게 된다. 그래서 이것은 내가 어떤 사람이 될 것이냐를 결정하는 것이다.

당신이 가장 집중해야 할 일은 자연성 인간과의 관계를 강화하는 것이다. 의도적으로 자연성 인간들과 시간을 보내는 것이 중요하다. 이들과 대화를 나누고, 아이디어를 공유하며, 함께 의미 있는 프로젝트나 목표를 세워 실행해보라. 자연성 인간들은 당신에게 새로운 관점을 제시하고, 그들의 열정이 당신에게도 전염되도록 만든다. 이들과의 교류는 당신의 성장을 촉진하고, 새로운 도전에서의 성공 가능성을 높여준다.

그리고 스스로를 돌아봐야 한다. 만약 내가 불연성 인간의 특징을 가지고 있다고 느껴진다면, 지금이야말로 마음을 다잡고 변화하기 위해 결단해야 할 순간이다. 또는 내가 가연성 인간이라면, 가연성 인간끼리만 교류해서는 불이 붙지 않는다는 점을 명심해야 한다. 의도적으로 자연성 인간인 사람들과 시간을 많이 사용하는 것이 필요하다.

그리고 궁극적으로 당신의 목표는 자연성 인간이 되는 것이다. 자연성 인간이 되는 사람은 스스로 에너지를 만들어내며, 어디에서든 인정받고 영향력을 발휘할 수 있다. 대체되지 않는 사람의 '도전'은 바로 이 자연성 인간이 되는 것을 말한다.

끝까지 존버하라

대체되지 않는 사람의 도전에는 한 가지 분명한 특징이 있다. 그것은 끝까지 버티고 인내하는 정신이다. 요즘 흔히 쓰는 말로 이를 '존버'라고 표현한다. 비록 비속어이기는 하지만, 그 의미를 온전히 담아낼 다른 표현을 찾기 어려운 점을 이해해주기 바란다. 존버는 지금 이 시대에 우리에게 꼭 필요한 정신이다.

내가 지금의 면접왕 이형이 될 수 있었던 결정적인 계기 또한 이 존버 정신과 밀접한 관련이 있다. 그것은 2007년부터 2010년까지 내가 회사에서 실무를 맡아 진행했던 프로젝트와 깊은 연관이 있다. 그 시기 나는 그룹의 구조화된 채용 시스템을 정립하고 구축하는 작업에 참여했는데, 이 시스템은 이후 여러 기업에 소개되었고, 나아가 모방하려는 기업들까지 생겨났다. 당시 나는 이 프로젝트에서 중요한 실무자로서의 역할을 맡게 되었다.

그런데 그 시작은 결코 화려하지 않았다. 나보다 훨씬 유능했던 선배들이 인사 이동이나 퇴사를 하게 되면서, 그 막중한 프로젝트가 내게 넘어왔다. 문제는 내가 능력도, 지식도 없었다는 것이다. 그래서 나는 단 하나의 선택만을 했다. 버티는 것이었다.

나는 무려 3개월 반 동안 매일 밤을 새우며 엑셀을 분석하고 정리했다. 당시 나는 엑셀을 잘 다루지도 못했지만, 매일같이 반복하고 연습하면서 엑셀 단축키를 모두 외울 정도로 익숙해졌다. 그렇게 하루하루를 새벽 3시, 4시까지 보내고, 오전 6시 전에 보고서를 출력해 상사의 책상 위에 올려두었다. 이후 잠시 집에 들러 샤워하고 옷을 갈아입은 뒤, 잠깐 눈을 붙이고 다시 6시 반에 출근했다. 이런 생활을 무려 3개월 반 동안 지속했다.

그 당시 하반기 공채를 앞두고 있었고, 나에게 주어진 과제는 매우 구체적이면서도 막막한 것이었다. 어떤 사람을 뽑아야 할지에 대한 기준을 정리하고, 그 기준을 숫자로 증명해야 했으며, 기존 직원들의 데이터를 활용해 지원자와의 연결성을 분석하고, 최종적으로 예측 시뮬레이터를 만들어야 했다. 그 시뮬레이터는 뽑으려는 지원자가 입사 후 예상되는 고성과율이 몇 퍼센트인지, 최종 합격 가능성이 몇 퍼센트인지까지 예측해야 했다. 그리고 이 예측값들은 단순히 가정으로 끝나지 않았다. 불과 한 달 반 뒤, 실제로 검증되었다. 만약 내가 대학 교수처럼 데이터를 분석하고 그 결과가 10년 뒤에나 검증되는 환경이었다면, 조금 더 여유를 가질 수도 있었을 것이다. 하지만 내가 내놓은 모든 결과는 바로 다음 달에 평가받았고, 그 결과에 대한 책임은 전적으로 내 몫이었다.

돌이켜보면, 당시 내가 일을 추진했던 동력은 대단한 내적 동기나 열정에서 비롯된 것이 아니었다. 사실 그런 것을 고민할 시간조차 없었다. 내가 직면했던 유일한 현실은, 다음날 아침까지 분석 결과를 보고서로 작성해야 한다는 것뿐이었다.

그 당시 나는 그저 매일 주어진 업무를 버티며 해냈을 뿐이었다. 하지만 어느 순간 뭔가 결과물이 나오기 시작했다. 내가 스스로 그것이 무엇인지 정확히 알지도 못했을 때, 프로젝트를 요청했던 최고 경영진이 그 자료를 보며 이렇게 말했다.

"이건 마치 역량을 엑스레이처럼 볼 수 있는 도구와도 같다."

그 3개월 반이라는 시간은 말 그대로 미친 듯이 달린 시간이었다. 그 기간 동안 나는 피도 토해보고, 피똥도 싸보면서 진짜 끝판까지 가본 것 같다. 하지만 아이러니하게도, 그때의 극한 경험이 지금의 나를 만든 결정적인 계기가 되었다.

내가 교육팀장이 되고, 인재개발팀장이 되고, 그룹의 최연소 CHO로 발탁될 수 있었던 이유도 마찬가지이다. 내가 뭔가 대단한 능력이 있거나 탁월해서가 아니라 끝까지 인내하고 버틴 것이다. 그리고 그 경험들이 지금의 나를 만들었다. 대체되지 않는 사람의 도전이라는 것을 어렵게 생각할 필요없다. 내게 주어진 자리에서 끝까지 인내하고 버티는 것이다.

당신이 두려워해야 할 것

결과물이라는 것은 언제나 우리가 원하는 대로 되지 않을 수 있다. 잘될 때도 있고, 안 될 때도 있다. 그런데 나 스스로를 돌아봤을 때 성장하지 못하고 있다면 그것처럼 비참한 게 없다. 어제와 똑같은 오늘이 가장 안타까운 것이다. 실패해도 괜찮다. 결과물이 안 좋아도 괜찮다. 하지만 당신이 진정으로 두려워해야 할 세 가지가 있다.

첫 번째, 의도가 없었음을 두려워하라.
두 번째, 의미가 없었음에 두려워하라.
세 번째, 이게 가장 최악이고 비참한 것이다.
　　　　　 의지가 없었음을 두려워해야 한다.

이 세 가지, 의도와 의미와 의지가 없었음을 두려워해야 한다. 왜냐하면 이것은 내가 자연성 인간이 아니라는 증거이기 때문이다.

이나모리 가즈오는 이렇게 조언한다. "내 인생이 앞으로 어떻게 될 것인지 꿰뚫어 보는 안목을 갖지 못했다는 걸 인정하라."[36] 만약 미래를 예측하는 안목이 있거나, 엄청난 전략과 기회가 보인다면 그 길에 도전하면 된다. 하지만 그러한 안목이 없다면 지금 두 발을 딛고 있는 이 발밑을 보라는 것이다. 그래서 책에는 이런 표현이 있다. "한 걸음 더에만 집중하자."[37]

즉, 대체되지 않는 사람의 도전이라는 것은 대단한 게 아니다.

(1) 자연성 인간의 태도를 유지하고,

(2) 존버하며 끝까지 버티고,

(3) 한 걸음 더에만 집중하는 것이다.

지금 당신이 어디에 서 있든, 그 자리에서 최선을 다하고, 한 걸음 더 내딛는 데 집중하라. 매 순간 의도를 품고, 의미를 찾으며, 흔들리지 않는 의지로 앞으로 나아갈 때, 당신은 자연성 인간으로 변화할 것이고, 그 누구도 대체할 수 없는 존재로 자리 잡게 될 것이다.

대체되지 않는 사람
DAY 13 '도전' 과제

 이형

> **Q** 나의 인간관계를 마인드맵으로 정리하고
> 자연성 인간, 불연성 인간으로 분류해 보기

🗓 2024년 12월 18일 수요일 >

 jini   Youtube 댓글

A - **자연성 인간** : 대학동기 친구
이유 : 새로운 진로를 찾아서 가고 있는 친구를 만나 자기가 가고자 하는 분야에 대한 이야기를 하면서 눈빛이 반짝반짝한 것을 봤어요. 오랜만에 느껴보는 에너지와 열정을 보고 '나도 누군가에게 저렇게 얘기할 수 있는 일을 해야겠다' 라는 생각이 들었고 친구한테 후광이 비치는 것 같이 느껴지고 너무 멋있어 보였어요!
- **불연성 인간** : 전 직장 상사
이유 : 협력업체한테 연락이 올 때마다 표정이 일그러졌고 불평불만을 했었어요. 협력업체에서 요구 사항이 많은 것은 알고 있었지만 연락을 받을 때마다 불평을 하니 옆에 있는 저한테도 그 감정이 옮겨오는 것 같더라고요.
반대로 먼저 나서서 도와주고, 일이 많더라도 웃으면서 하는 동료가 있었는데 제가 힘들더라도 그 분 옆에서는 에너지를 받았던 것 같아요.
옆에 누가 있는지가 정말 중요하다고 느꼈습니다
- **느낀점** : 옆에 어떤 사람이 있는지가 중요하고 영향을 많이 받는다는 것을 느꼈어요. 저는 아직 자연성 인간이 아니라고 생각해서 자연성 인간이 되려 노력해야겠다고 생각했습니다. 나아가 제가 자연성 인간이 되어 제 주변에 자연성 인간들로 가득하도록 만들고 싶습니다!

키키 Youtube 댓글

A **자연성인재:** 교환학생 가서 만난 친구들/인턴 동기들 -> 원하는 삶에 대해 고찰하고 이루어나가기 위해 노력하는 것이 보인다. 매사에 열정적이고 에너지가 넘치며 하고싶은 것들로 삶을 채워나간다. 대화하면서도 서로 좋은 영향을 끼친다는 느낌이 든다. 앞으로도 이 관계를 잘 유지하도록 노력할 것이다.

불연성인재: 대학교 친구, 고등학교 친구 -> 현재 하는 일이나 삶의 형태가 마음에 들지 않음에도 바꿀수 없다고 생각하고 수동적으로 살아가는 거 같다. 내가 이것저것 도전하는 것을 신기하게 보고 응원을 해주지만, 같이 하자고 하면 본인이 할 생각은 없다고 한다. 이 사람들이 나에게 주는 안정감이나 행복감도 있다. 만나서는 성장이나 도전에 관한 얘기보단 대화나 만남 자체의 즐거움에 집중하려고 하는 편이다.

🗓 Today 오늘 >

대체되지 않는 사람 **나**

❤ 7　👍 3

방향성을 가진 사람이 될 때
비로소 퀼리티를 제시할 수 있다.
의도가 당신의 퀼리티를 결정짓는 핵심이다.

퀄리티

manori
kazuo

퀄리티

이번 주제는 대체되지 않는 사람의 '퀄리티'에 관한 것이다. 우리가 업무를 하다 보면 퀄리티가 얼마나 중요한지 끊임없이 강조된다. 일을 잘하는 사람을 평가할 때는, 양도 물론 중요하지만 결국 퀄리티가 그 사람의 가치를 결정짓는다. 그렇다면 우리는 어떻게 퀄리티를 높일 수 있을까?

앞서 이나모리 가즈오가 일의 의미에 대해 강조하며, 도전의 중요성을 이야기한 바 있다. 도전은 실패를 두려워하지 않고 끝까지 버티는 정신을 의미했다. 이제는 이 도전이 퀄리티로 어떻게 전환

되는가를 주제로 이야기하고자 한다.

완벽주의 VS 완성주의

이나모리 가즈오는 퀄리티를 높이는 방법으로 두 가지 중요한 초점을 제시한다. 그것은 '완벽주의'와 '완성주의'다. 이 두 가지는 모두 필요하지만, 각각의 상황과 단계에 따라 적절히 구분해서 적용해야 한다.

먼저, 태도나 의식, 목표를 세울 때는 완벽주의가 필요하다. 일을 시작하기 전, 내가 이 일을 왜 하는지, 이를 통해 무엇을 이루고 싶은지를 구상할 때는 높은 기준과 명확한 목표 설정이 중요하다. 이 단계에서의 완벽주의는 방향을 설정하고, 목표를 명확히 하며, 철저한 준비를 가능하게 한다.

그러나 실제 일을 실행할 때는 완성주의로 접근해야 한다. 완성주의는 속도를 중시한다. 일단 시작하고, 결과물을 만들어낸 뒤 그것을 개선해나가는 방식이다. 그렇다면 퀄리티 없이 일하라는 말인가? 당연히 그렇지 않다. 중요한 것은 계속 시도하는 것이다. 실행 단계에서까지 완벽주의를 고수하면, 작은 실수나 부족함에 과도하게 집착해 일을 멈추게 되거나, 시작조차 하지 못하게 된다. 반면, 완성주의는 결과물을 일단 만들어내는 데 집중하며, 이를 통해 점진적으로 개선해나가는 실천적 접근 방식이다. 따라서 완성주의는 속도, 완벽주의는 디테일이라고 요약할 수 있다.

당신의 머릿속에서 완벽주의를 잠시 내려놓고, 완성주의에 집중하라. 우리의 교육 환경이나 과거 경험들은 주로 완벽주의를 요구해왔다. 예를 들어, 수능 문제를 풀 때 하나라도 틀리면 전체 점수에 영향을 주는 방식은 완벽주의적인 사고를 강요한다. 짧은 시간 안에 빠르게 완벽한 결과를 만들어야 하는 환경 역시 우리를 완벽주의로 몰아넣었다. 이러한 배경 속에서 우리는 작은 실수조차 용납하지 못하는 사고방식을 내면화하게 되었다.

이처럼 완벽주의는 종종 시작조차 하지 못하게 만든다. 스스로에 만족하지 못하고, 나만의 높은 기준에 사로잡혀 일을 미루거나 포기하는 경우가 많다. 이런 상황에서 필요한 것은 완벽주의가 아니라 완성주의다.

예를 들어 우리 회사에서는 매 분기 사업계획을 세울 때 구체적으로 주간 단위 목표까지 세운다. 지난 분기의 목표와 실행과정을 피드백하는데 전 직원이 1주일 가량을 사용한다. 그리고 다음 분기의 성장 전략과 목표를 구체적으로 설정한다. 이 과정에는 '완벽주의'의 관점으로 일한다. 다만 이 과정에서 내가 직원들에게 톱다운Top-down식으로 지시하지 않는다. 목표를 계획하고 전략을 설계하는 것은 내가 신뢰하는 직원들의 몫이다. 나는 리더로서 전체적인 방향성과 비전을 제시할 뿐이다.

그러나 이 목표와 전략을 실행하는 과정에서는 '완성주의'를 적용한다. 완성주의는 실패하더라도 일단 시도해보는 것이다. 매출이나 목표를 달성하지 못했음을 직원들을 나무란 적은 한번도 없다. 함께 피드백하고 즉시 새로운 도전으로 연결시킬 뿐이다. 일단 해보면서 스스로 규정해 보고 도전해 보는 것이 가장 중요하다.

퀄리티 위의 퀄리티 : 의도

퀄리티가 있는 사람들을 우리는 보통 전문가라고 부른다. 이들은 뛰어난 기술과 깊은 지식을 바탕으로 높은 수준의 결과물을 만들어내는 사람들이다. 그런데 수많은 전문가들과 함께 일해보면, 퀄리티 위에 있는 또 다른 차원의 퀄리티가 존재한다는 것을 발견하게 된다. 전문가 위에 있는 전문가의 가장 큰 특징은 무엇인가? 그것은 바로 '의도'이다. 그들의 모든 행동과 결과물에는 명확한 의도가 담겨 있다.

결국, 이 모든 과정의 출발점은 의도다. 의도가 있어야만 그 의도를 실현하기 위한 기획이 가능하고, 기획을 바탕으로 실행력이 발휘된다. 의도가 없는 행위는 단순히 반복적인 작업에 머물 수밖에 없다. 의도란 무언가를 더 잘하고 싶다, 무언가를 바꾸고 싶다, 무언가를 더 퀄리티 있게 하고 싶다는 열망과 목표에서 시작된다. 의도가 있는 사람만이 퀄리티 위에 있는 퀄리티를 창조할 수 있다.

나는 데이터를 정말 중요하게 생각한다. 데이터를 통해 구독자들과 커뮤니케이션을 하고, 데이터 자체를 또 비즈니스화 하고 있다. 하지만 그렇다고 해서 내가 데이터 사이언티스트는 아니다.

그럼에도 불구하고, 우리 회사의 데이터를 분석하는 실무자들에게 나는 끊임없이 요구한다. "이 데이터가 이렇게 나오면 안 된다. 이 데이터를 만들어내라. 이 데이터를 찾아라." 단순히 데이터를 다루는 것이 아니라, 그 데이터가 어떤 가치를 낼 수 있을지에 초점을 맞추는 것이다.

데이터를 활용하는 기술 그 자체도 중요하지만, 더 중요한 것은 그 데이터에 대한 명확한 의도다. 데이터를 통해 무엇을 이루고자 하는지, 데이터를 통해 어떤 가치를 창출할 것인지에 대한 의도가 없으면, 데이터는 단순한 숫자에 불과하다. 결국, 내가 데이터를 다루는 방식의 본질은 데이터 활용 기술을 넘어선 의도와 방향성에 있다. 이것이 진정한 차이를 만들어낸다.

그러니까 내가 계속 강조하는 것은 의도다. 의도가 있어야만 그 의도를 구현할 수 있는 사람을 알아볼 수 있고, 그런 사람들과 함께 일할 수 있다. 그리고 그들과 함께 일하는 과정 자체가 나의 퀄리티가 된다.

단순히 기술적 능력을 가진 전문가로 머무르는 것만으로는 부족하다. 진정한 퀄리티를 가진 사람이 되기 위해서는 그 전문가보다 더 높은 뜻과 의도를 가진 사람이 되어야 한다. 의도가 명확한 사람은 단순히 전문가와 협력하는 데 그치지 않는다. 오히려 전문가들을 이끌고, 그들에게 방향성과 비전을 제시할 수 있는 사람이 된다. 이는 곧 전문가보다 더 전문가가 되는 것을 의미한다.

결국, 방향성을 가진 사람이 될 때 비로소 퀄리티를 제시할 수 있다. 의도가 당신의 퀄리티를 결정짓는 핵심이다.

그렇기 때문에 롤 모델을 관찰하고, 그들이 어떤 방향성을 가지고 있는지, 무엇을 규정하려고 하는지, 그리고 무엇을 이루고 싶어 하는지를 파악하는 것이 중요하다. 그들의 방향성과 의도를 이해하고 내 삶에 적용하다 보면, 단순한 기술이나 지식을 넘어서는 퀄리티 있는 사람으로 도약할 수 있다. 훌륭한 롤 모델을 통해 의도와 방향을 배우는 것은 퀄리티 있는 사람이 되는 가장 강력한 방법 중 하나다.

진심으로 뉘우치는 사람

이나모리 가즈오는 퀄리티가 있는 사람을 진심으로 뉘우칠 줄 아는 사람이라고 정의한다.[38] 그는 뉘우침이 성장을 위한 핵심 요소라고 강조한다.

후회와 뉘우침은 다르다. 후회는 단순히 과거의 실수를 떠올리며 감정에 머무르는 것이고, 뉘우침은 피드백을 통해 자신을 변화시키는 능동적인 과정이다. 뉘우침은 단지 잘못을 인정하는 데 그치지 않고, 이를 바탕으로 구체적인 변화를 만들어가는 행동을 수반한다. 뉘우침은 곧 내 업무의 프로세스를 정의하고, 그 프로세스를 지속적으로 개선해 나가는 과정이다. 이것이 성장하는 마인드셋의 기초다.

피드백하는 사람은 반드시 행동이 바뀐다. "이 프로세스는 순서가 잘못된 것 같아", "이 분석을 할 때는 이 도구를 써야 할 것 같아" 등 이렇게 프로세스와 도구, 관점을 계속 바꾸고 개선해나가는 것이 피드백의 핵심이다. 계속 바꿔가면서 새로운 도전을 하기 때문에 성장하는 것이다. 그래야 진정한 퀄리티가 만들어진다.

그래서 나는 자기소개서를 쓸 때도 3C와 4P를 강조한다. 다른 많은 취업과 자소서 분야의 강사들은 자소서 작성에 대해 단순하게 접근한다. 예를 들어, "이런 문항은 이렇게 쓰세요."라고 정형화된 답을 제시하는 것이다. 물론 이런 방식은 쉽고 편리하다. 하지만 나는 관점의 중요성을 무엇보다 강조한다.

그래서 내 방송을 보는 분들 중에는 이렇게 생각할 수도 있다.

"그냥 자소서 쓰는 법이나 간단히 알려주지, 왜 매번 피터 드러커, 데일 카네기, 이나모리 가즈오 같은 옛날 분들 이야기를 하면서 꼰대 같은 이야기를 하는 거야?"

그렇게 느낄 수도 있다. 하지만 내가 강조하는 것은 바로 '펀더멘탈Fundamental'이다. 이 펀더멘탈이야말로 지금 우리가 살고 있는 이 사회를 구성하고 있는 핵심 원리다.

펀더멘탈을 이해하지 못하면 프로세스가 바뀌지 않는다. 단기적인 변화나 추세에만 의존해 준비하면 결국 변화에 대응하지 못하게 된다. 자기소개서 문항의 추세만 봐도 그렇다. 과거에는 성격의 장단점, 성공 경험처럼 비교적 단순하고 정형화된 문항이 많았다. 하지만 지금은 인재상, 지원 동기, 입사 후 포부, 성공 경험, 팀워크가 모두 연결되며 문항의 복잡성이 커지고 있다.

취업준비생들에게는 문항이 모두 다르게 보일 수 있지만, 실제로는 그 안에 공통된 맥락이 존재한다. 이런 복잡함에 대응하려면 근본적인 관점을 먼저 잡아야 한다. 그리고 그 관점이 맞는지 계속 피드백하고 체크하며 수정해 나가야 한다. 이 과정이야말로 퀄리티를 가진 사람의 특징이다.

비즈니스를 하다 보면 정답이란 것이 없다. 유튜브 운영이나 사업도 마찬가지다. 정답은 실시간으로 계속 바뀐다. 어떨 때는 아무리 열심히 해도 결과가 나오지 않을 때가 있고, 반대로 예상치 못한 성공이 찾아오는 경우도 있다. 이런 상황에서 중요한 것은 왜 잘됐는지, 왜 안됐는지를 규정하는 과정이다. 성공이나 실패를 규정하는 과정에서 문서화와 정리는 필수적이다. 이것이 곧 내 의도를 반영하는 실력이자 방향성이 된다.

그래서 내가 권면하는 방식은 사명 선언서와 같은 것을 작성해 보는 것이다. 이는 곧 나의 인생을 명확히 규정하는 작업이다. 사명 선언서를 통해 내 인생이 무엇을 위해 존재하는지, 어디로 향하고 있는지, 그리고 최종적으로 어디에 도달하고 싶은지를 구체적으로 정의할 수 있다.

사명 선언서는 단순한 문서 그 이상이다. 매 순간의 선택과 행동의 기준이 된다. 사명 선언서가 있는 사람은 속도가 다르고, 선택의 기준이 분명하다. 무엇을 해야 할지, 무엇을 하지 말아야 할지 명확히 알고 있기 때문에, 불필요하게 우회하거나 방황하지 않는다.

DAY 14 '퀄리티' 과제

 이형

🇶 **완벽주의 때문에 결과를 보지 못한 일을 적어보고,
당장 오늘부터 완성주의를 시작할 도전을 작성하기**

📅 2024년 12월 19일 목요일 >

 행구마　　Youtube 댓글

🇦 저는 완벽주의를 버리고 완성주의를 생각하면서 정리해보니 전부터 말하고 쓰는것에 관심이 있었고 나와의 카톡에 "성우"라고 검색해보니 21년도에도 정확히 지금과 동일한 고민을 "고민만"하다 끝낸 메모를 봤습니다 다음달부터 성우 일반인 아카데미 학원에 다니려고 합니다. 그리고 이번 주에 개인 유튜브 채널을 만들어서 영상을 하나 올려봤고, 며칠동안 매일 글을 1장씩 써보고 있어요! 퀄리티가 떨어지지만 처음엔 못하는게 당연하다는 생각으로 내년에 꾸준히 해보려합니다.
지금 인사직으로 다니면서 직무 이동을 하고 싶은데 개인 채널을 기획해서 운영해보고 경험을 포폴에 넣어서 콘텐츠 기획, 에디터 쪽으로 지원해보려해요!

 햅삐　　Youtube 댓글

🇦 오늘부터 완성주의로 시작할 도전은 자기소개서 작성을 위해 뭐라도 해보는 것입니다. 자소서는 완벽해야할것같은 생각에 작성하는 것조차 시작하지 않고 미루고 있었습니다. 이제 조금씩이라도 작성하여 완벽한 자소서보다는 피드백을 받기 위해 내밀 수 있는 문서가 있도록 하겠습니다! 제 목표는 25년 2월까지 서류 합격 할 수 있는 자소서를 작성하는 것입니다.

박*영 CHANGE UP 과제

A 완벽주의로 인해, 또한 의도를 찾지 못해서, 현재 이직의 방향성을 제대로 잡지 못하고 있다. 3C4P와, 지원동기 등도 1월 내에 마스터 자소서를 작성해두는 것이 목표로 두고 있었지만, 고민만 길어지고 시간을 효율적으로 쓰지 못하고 있다고 생각이 든다.
가장 중요한 것은, 나의 이직 의도와 가고 싶은 이유를 명확하게 설정하고 우선 써보는 것이다. 취업은 우기기!

 박*화 CHANGE UP 과제

A 완벽주의 때문에 토플을 몇년동안 끌고 왔는지... 시험비도 시험비지만 한번에 잘보려는 것때문에 완벽주의가 오히려 결과를 보지 못한 거 같다.
이왕 하기로 한거 실패를 통해 피드백하면서 성공의 길로 가는 것, 실패를 두려워 하지 말고 그만 질질끌고 시험을 상반기 내로 봐야겠다.

🗓 　 Today 오늘 >

대체되지 않는 사람 **나**

💙 7 👍 3

213

낙관적으로 구상하고,
계획은 비관적으로 세우며,
실행은 다시 낙관적으로 하라.[39]

이나모리 가즈오

창의성

창의성

　대체되지 않는 사람의 핵심은 관점이다. 지난 시간 동안 살펴본 피터 드러커, 데일 카네기, 그리고 이나모리 가즈오의 가르침을 정리하면 다음과 같다.

　첫 번째로, 피터 드러커의 『자기경영노트』에서는 기여와 공헌에 대해 이야기했다. 여러 주제를 나누었지만, 그중에서도 가장 기억에 남아야 할 하나를 꼽자면 '공헌'이다. 그리고 공헌을 이루기 위한 방법으로 목표 달성 능력, 시간관리, 강점 활용, 우선순위 설정

등의 주제를 제시했다.

두 번째로, 데일 카네기의 『인간관계론』에서는 가장 중요한 키워드로 '존중'을 꼽을 수 있다. 그는 비판하지 말고, 상대를 수용하고 존중하는 태도가 인간관계의 핵심이라고 강조했다. 구체적으로는 미소, 인사, 아이컨택을 생활화하라고 제안했다. 이러한 행동들은 처음에는 어색할 수 있지만, 지속적으로 실천하면 사람들과의 관계 속에서 새로운 차원의 신뢰와 연결이 만들어질 수 있다.

마지막으로, 이나모리 가즈오의 『왜 일하는가』라는 질문을 통해 일의 '의미'에 대해 정리했다. 그는 일의 근본적인 의미를 찾고, 스스로 동기부여할 수 있는 자연성 인간이 되는 것의 중요성을 강조했다. 또한, 이나모리 가즈오는 완벽주의와 완성주의를 구별하며, 우리가 미래를 예측할 수 없는 상황에서도 자신의 발밑에 집중하고, 지금 할 수 있는 일에 최선을 다하는 자세를 가르쳤다. 일본의 경영의 신이라고 불리는 이나모리 가즈오조차 자신에게 미래를 보는 안목이 없음을 인정하며, 대신 발밑에만 집중했다.

그는 한 걸음 한 걸음 최선을 다하며 나아가는 태도가 진정한 퀄리티와 의미를 만들어낼 수 있는 유일한 방법이라고 강조했다.

창의성

이번 주제는 대체되지 않는 사람의 '창의성'이다. 창의성의 최상위 개념은 창조이다. 이나모리 가즈오는 이렇게 질문한다. "창조는 누가 하는 것인가?" 그는 세상을 관찰하며 창조하는 사람들이야말로 대체되지 않는 사람이 된다는 사실을 깨달았다. 이들은 기존에 없던 새로운 가치를 만들어내고, 세상에 의미 있는 일을 하며 역사에 획을 긋는 존재들이다.

이나모리 가즈오가 내린 '창조는 누가 하는가?'에 대한 결론은 흥미롭다. 그는 전문가는 창조할 수 없다는 것을 발견했다.[40] 전문가는 문제를 해결하는 사람이지 뜻을 이루는 사람이 아니라는 것이다. 창의성은 단순히 기발한 아이디어나 새로운 발상을 떠올리는 것을 포함하지만, 창조는 그것보다 더 깊은 차원이다. 창조는 없던 것을 만들어내는 과정, 즉 꿈을 꾸고 뜻을 세우며 새로운 그림을 그려내는 것이다.

전문가들은 주로 기존의 문제를 해결하는 데 집중한다. 엔지니어, 데이터 분석가, 디자이너, 마케터, 심지어 영업 전문가들까지, 대부분의 전문가들은 주어진 틀 안에서 해결책을 찾는 데 익숙하다. 반면, 창조는 전문가가 아닌 문외한에서 시작되는 경우가 많다. 전문가가 아닌 사람이 "왜 이렇게는 안 돼요? 이렇게 하면 안 되는 거예요?"라고 질문하며 기존의 관습과 제약에 얽매이지 않은 관점으로 접근할 때 창조가 시작된다. 이나모리 가즈오는 창조가 바로 이런 전혀 제약 없는 관점에서 비롯된다는 점을 깨달았다.

그래서 이나모리 가즈오는 창의성을 가진 사람들에게 정말 필요한 것은 낙관적인 구상이라고 강조한다. 반면, 전문가일수록 비관적으로 구상하는 경향이 있다. 전문가들은 새로운 아이디어를 떠올리더라도, "이건 이래서 안 되고, 저건 저래서 문제가 될 것 같다"며 끝없는 고민에 빠진다. 이런 비관적인 사고 속에서는 결코 답을 찾아낼 수 없다.

이나모리 가즈오는 이렇게 조언한다.

"낙관적으로 구상하고,

계획은 비관적으로 세우며,

실행은 다시 낙관적으로 하라." [41]

이 순서는 매우 중요하다. 낙관적으로 구상하라는 것은 생각의 단계에서 제약을 두지 않고 열린 마음으로 가능성을 탐구하라는 것이다. 창의성은 이런 낙관적인 발상에서 시작된다. 그다음 단계인 계획에서는 비관적으로 철저히 준비해야 한다. 즉, 낙관적인 아이디어가 현실에서 실행 가능하도록 꼼꼼히 분석하고 대안을 세우는 단계다. 마지막으로, 실행은 다시 낙관적으로 해야 한다. 실행 단계에서 비관적인 태도로 접근하면 시도조차 어렵게 된다. 여기서 필요한 관점이 바로 완성주의이다.

그런데 이 과정을 정반대로 하는 경우가 있다. 비관적으로 구상하고, 낙관적으로 계획하며, 다시 비관적으로 실행하는 것이다.

비관적으로 구상하면 시작할 엄두조차 내지 못한다. '이건 안 될 거야'라고 단정 짓는 순간, 창의적인 시도는 사라진다. 그런 상태에서 낙관적으로 계획하면 철저히 준비하지 않고 대충 계획을 세우게 된다. 당연히 실행 과정에서 문제가 생기지만, 그 책임은 환경이나 외부 요인에 돌린다. 그리고 마지막으로 비관적으로 실행하게 되면 "어차피 안 될 거야"라는 태도로 결과물이 나빠지고, 결국 "그럴 줄 알았어"라며 실패를 정당화한다. 이 방식은 최악이다. 구상부터 실행까지 비효율과 실패를 반복하게 된다.

그래서 우리는 반드시 낙관적으로 구상하고, 비관적으로 계획하며, 낙관적으로 실행해야 한다. 낙관적인 구상은 가능성을 열고, 비관적인 계획은 철저한 준비를 가능하게 하며, 낙관적인 실행은 도전을 지속할 동력을 만든다.

성장 마인드

대체되지 않는 사람에 대한 다양한 정의를 내리며, 기획자, 지식 근로자, 리더십, 자연성 인간 등 여러 개념을 다뤘다. 그런데 그 모든 관점의 중심에는 '성장 마인드'가 있다.

당신은 일을 떠올리면 어떤 이미지가 먼저 떠오르는가? '하기 싫다', '노예', '자아 실현', '돈' 등 다양한 생각이 떠오를 수 있다. 만약 일을 '고객의 문제를 해결하는 것'이라고 정의한다면, 그것도 훌륭한 관점이다. 하지만 성장 마인드를 가진 사람들은 일을 바라보는 관점에서 한 가지 공통점이 있다. 그들은 일을 게임처럼 접근한다.

게임의 핵심은 재미다. 게임을 고통스럽게 억지로 하는 사람은 없다. 사람들은 게임에서 다양한 방식으로 시도하고, 퀘스트를 해결하며, 한 단계를 완료하면 다음 단계를 계획한다. 필요한 자원을 얻고, 목표를 이루며, 레벨을 올리는 과정을 즐긴다.

이와 마찬가지로, 일을 게임처럼 하라. 계속해서 자신의 레벨업을 목표로 삼고, 이를 위해 무엇을 해야 할지 고민하며 도전하라. 그렇게 일에 재미를 느끼는 사람이 결국 일에서 성장도 경험하게 된다.

게임을 할 때처럼 실패를 가볍게 받아들이는 태도가 중요하다. "이거 실패하면 큰일 난다"라는 두려움 대신, 실패를 시도와 배움의 과정으로 보고 다시 도전하면 된다. 이런 태도로 접근하는 사람이 성장하게 된다. 지난 챕터에서 다룬 완성주의의 개념 역시 이와 연결된다. 완성주의는 일단 실행하고, 결과물을 만들어낸 뒤 점진적으로 개선하며 성장하는 접근법이다.

결론적으로, 성장 마인드를 가진 사람은 일을 게임처럼 흥미롭고 도전적인 과정으로 받아들이며, 그 안에서 지속적으로 자신의 레벨을 올려간다. 일에서 재미를 발견할 때, 당신은 진정한 성장을 경험할 수 있다.

인생 방정식

마지막으로, 책에는 인생 방정식이라는 개념이 등장한다. 이나모리 가즈오는 '인생과 일은 하나다. 나의 일은 곧 나의 인생이다.'라고 강조하며, 일에서 성장을 경험하고 성취를 이루는 것이 가장 행복한 삶이라고 주장한다. 그는 이를 바탕으로 '인생 = 능력 × 열의 × 사고방식'이라는 공식을 제시한다.[42] 능력은 재능이나 강점을 의미하고, 열의는 노력, 사고방식은 긍정적인 태도를 뜻한다. 결국, 재능 × 노력 × 긍정성이 그의 성공 방정식이다.

그러나 나는 이 방정식을 조금 다르게 정의하고 싶다. 내가 내리고 싶은 성공의 방정식은 **'학습 × 집요함 × 관점'**이다.

이것은 특별한 사람들에게만 적용되는 방정식이 아니다. 최근 전 세계적으로 영재의 정의가 변화하고 있다. 이제 영재의 조건은 두 가지로 요약된다: 평균 이상의 지적 능력과 과제 집착력이다.

첫 번째 조건은 평균 이상의 지적 능력이면 충분하다는 점이다. 과거처럼 뛰어난 IQ나 탁월한 학업 성취가 필수 조건이 아니다. AI 기술의 발전으로 인해 더 이상 정보를 암기하거나 단순히 지적 능력에 의존할 필요가 줄어들었기 때문이다.

두 번째 조건은 과제 집착력이다. 이는 끈기와 집요함으로 표현될 수 있다. 어떤 과제를 붙잡으면 끝까지 파고들어 어떻게든 결과물을 만들어내는 능력이 현대 영재의 핵심 요소로 자리 잡았다.

창의성 = 학습 × 집요함 × 관점

나는 학습 × 집요함 × 관점이라는 방정식이 창의성에 대한 노력을 나타낸다고 생각한다. 창의성은 타고나는 것이 아니다. 끊임없이 배우고, 끝까지 파고들며, 세상을 새로운 시각으로 바라볼 때 길러진다.

그러나 지금 우리가 살아가는 시대는 이런 창의성을 키우기보다는 일확천금의 유혹이 가득한 환경이다. 누구누구가 주식이나 코인으로 큰 돈을 벌었다는 소문이 들리고, 학창 시절 성실하지 않왔던 친구가 유튜브나 인플루언서로 성공해 큰 돈을 벌었다는 이야기를 듣는다. 이런 소식들은 마치 한 번의 행운으로 모든 것이 바뀔 수 있다는 착각을 심어준다.

하지만 실상은 다르다. 꾸준한 학습과 문제 해결을 향한 집요함, 새로운 관점을 통해 축적된 창의성만이 지속적이고 진정한 성공으로 이어질 수 있다. 창의성을 기반으로 한 성장은 결코 대체될 수 없는 가치를 만들어낸다.

요즘은 주식, 코인, 부동산 등 다양한 투자처가 존재한다. 그러나 나는 가장 강력하고 확실한 투자처는 커리어라고 생각한다. 본인의 커리어와 실력에 투자하는 것은 결코 후회하지 않을 선택이다.

비록 이러한 접근이 더디게 보일지 모르지만, 나는 커리어에 집중하는 사람들이 많아지기를 진심으로 바란다. 내가 하고 있는 일에 대한 확신과 의미를 갖고, 이를 통해 다른 사람에게 긍정적인 영향력을 줄 수 있는 사람이 바로 대체되지 않는 사람이다.

DAY 15 '창의성' 과제

이형 이형

> **Q** 대체되지 않는 사람 책을 통해서 느낀 점을
> 작성해 보기

📅 2024년 12월 20일 금요일 >

백그리거　Youtube 댓글

> **A** 실제로 뵌 적은 없지만 정말 제 인생의 큰 귀인이 바로 이형입니다. 이형
> 덕에 밥값 하면서 살고 있습니다. 항상 감사하는 마음으로 시청 중입니다.
> 21일 연속 스트리밍 수고 하셨습니다!
> + 책 기대 중 입니다. 2권 사서 하나는 집에 하나는 회사에 둘 예정 입니닷!

세각비　Youtube 댓글

> **A** 이형님 덕분에 자소서 하나 제출하는데 1주~2주가 걸리던 제가 3c4p를
> 이용해서 핵심성과를 정리하고 하루에 1개씩 지원하는데에 성공했습니다.
> 생각도 많이 하게 되고, 가치관이 많이 정리되는 느낌을 받았습니다. 앞으
> 로 어떤 자세로 세상을 바라봐야할지 계속해서 고민 중이에요
>
> 저는 제가 자연성인간이라고 생각하며 살아왔는데 남탓과 부정적인 발언
> 도 꽤 많이 해왔다는걸 깨달았습니다. 마인드 트레이닝을 통해서 좀 더 좋
> 은 사람이 되고 싶네요
> 제 꿈은 인재육성전문가가 되는겁니다. 제 커리어를 잘 다듬어 언젠가는
> 이형님을 직접 뵙기를 소망합니다!

이불밖으로돔황챠 Youtube 댓글

🅰 3주간 너무 수고 많으셨습니다! 이형과 얼라이브 커뮤니티분들께 진심으로 감사드립니다

 최*경 CHANGE UP 과제

🅰 "이거 실패하면 큰일 난다"라는 두려움 대신, 실패를 시도와 배움의 과정으로 보고 다시 도전하자.

 임*희 CHANGE UP 과제

🅰 일을 할때 항상 원칙, 정해진 형식, 늘 해온던 방식을 따라가려 했던 내 자신이 조금 부끄러워졌다. 신입인 내가 이렇게 해되 되나? 라는 생각이 많이 들었는데 일을 할 때 억지로 하기보다는 일을 즐기며 성장해야겠다.

🗓 Today 오늘 >

대체되지 않는 사람 **나**

❤ 7 👍 3

227

나는 이제,
대체되지 않는 사람이다.

Outro

나가는 말

outro

이 책이
마지막으로 당신에게 남기고 싶은 것

이제, 나의 일에 '의미'를 더할 시간이다. 이 책을 통해 우리는 중요한 질문을 던졌다. "나는 대체되지 않는 사람인가?" 이 질문을 붙잡고 3주 동안 15가지 관점을 따라가며 생각하고, 기록하고, 스스로를 돌아봤다. 이제 책은 끝났지만, 변화는 지금부터 시작된다. 중요한 건 안다고 달라지는 게 아니라, 해보아야 달라진다는 점이다.

기억하자. 우리는 대체되지 않기 위해 더 바쁘게 살아야 하는 것이 아니다. 더 본질적으로 살아야 한다.

그저 하루를 버티는 사람이 아니라
하루를 '기획'하는 사람

지시를 따르는 사람이 아니라
질문을 던지는 사람

결과만 내는 사람이 아니라
공헌의 가치를 남기는 사람

이제, 나의 일은 '정해진 것'이 아니다. 내가 정의하고, 내가 의미를 부여하며, 내가 설계하는 하루하루의 작은 기획물이다.

이 책이 마지막으로 당신에게 남기고 싶은 것

- 오늘도 '기록'하라. 그게 시작이다.
- 나의 시간, 관계, 태도를 관찰하라. 거기에 답이 있다.
- '내가 만든 성과'를 통해, 존재 이유를 증명하라.
- 그리고 가장 중요한 것,

나는 이미 대체되지 않는 삶을 시작했다는 사실을 잊지 마라.

이제는 당신 차례다. 책장을 덮고, 삶을 다시 펼쳐라. 그리고 당신만의 문장으로 이 책의 마지막 페이지를 이렇게 완성하자.

"나는 이제, 대체되지 않는 사람이다."

주

1 피터 드러커, 『피터 드러커 자기경영노트』 (한국경제신문, 2024) p.20.

2 피터 드러커, 『피터 드러커 자기경영노트』 (한국경제신문, 2024) p.27.

3 피터 드러커, 『피터 드러커 자기경영노트』 (한국경제신문, 2024) p.32.

4 피터 드러커, 『피터 드러커 자기경영노트』 (한국경제신문, 2024) p.32.

5 앨빈 토플러, 『부의 미래』 (청림출판, 2006)

6 피터 드러커, 『피터 드러커 자기경영노트』 (한국경제신문, 2024) p.78.

7 피터 드러커, 『피터 드러커 자기경영노트』 (한국경제신문, 2024) p.96.

8 피터 드러커, 『피터 드러커 자기경영노트』 (한국경제신문, 2024) p.110.

9 피터 드러커, 『피터 드러커 자기경영노트』 (한국경제신문, 2024) p.114.

10 피터 드러커, 『피터 드러커 자기경영노트』 (한국경제신문, 2024) p.115.

11 피터 드러커, 『피터 드러커 자기경영노트』 (한국경제신문, 2024) p.134.

12 피터 드러커, 『피터 드러커 자기경영노트』 (한국경제신문, 2024) p.134.

13 피터 드러커, 『피터 드러커 자기경영노트』 (한국경제신문, 2024) p.165.

14 피터 드러커, 『피터 드러커 자기경영노트』 (한국경제신문, 2024) p.160.

15 피터 드러커, 『피터 드러커 자기경영노트』 (한국경제신문, 2024) p.177.

16 데일 카네기, 『인간관계론』 (현대지성, 2019) p.40.

17 데일 카네기, 『인간관계론』 (현대지성, 2019) p.36.

18 데일 카네기, 『인간관계론』 (현대지성, 2019) p.37.

19 데일 카네기, 『인간관계론』 (현대지성, 2019) p.94.

20 데일 카네기, 『인간관계론』 (현대지성, 2019) p.83.

21 잡코리아 설문조사 결과, 2012년, https://www.newswire.co.kr/newsRead.php?no=467171

22 데일 카네기, 『인간관계론』 (현대지성, 2019) p.178.

23 데일 카네기, 『인간관계론』 (현대지성, 2019) p.178.

24 데일 카네기, 『인간관계론』 (현대지성, 2019) p.184.

25 데일 카네기, 『인간관계론』 (현대지성, 2019) p.152.

26 데일 카네기, 『인간관계론』 (현대지성, 2019) p.162.

27 데일 카네기, 『인간관계론』 (현대지성, 2019) p.55.

28 데일 카네기, 『인간관계론』 (현대지성, 2019) p.55.

29 이나모리 가즈오, 『왜 일하는가』 (다산북스, 2021) p.87.

30 이나모리 가즈오, 『왜 일하는가』 (다산북스, 2021) p.25.

31 이나모리 가즈오, 『왜 일하는가』 (다산북스, 2021) p.91.

32 이나모리 가즈오, 『왜 일하는가』 (다산북스, 2021) p.90.

33 이나모리 가즈오, 『왜 일하는가』 (다산북스, 2021) p.78.

34 이나모리 가즈오, 『왜 일하는가』 (다산북스, 2021) p.84.

35 이나모리 가즈오, 『왜 일하는가』 (다산북스, 2021) p.109.

36 이나모리 가즈오, 『왜 일하는가』 (다산북스, 2021) p.163.

37 이나모리 가즈오, 『왜 일하는가』 (다산북스, 2021) p.163.

38 이나모리 가즈오, 『왜 일하는가』 (다산북스, 2021) p.209.

39 이나모리 가즈오, 『왜 일하는가』 (다산북스, 2021) p.253.

40 이나모리 가즈오, 『왜 일하는가』 (다산북스, 2021) p.243.

41 이나모리 가즈오, 『왜 일하는가』 (다산북스, 2021) p.253.

42 이나모리 가즈오, 『왜 일하는가』 (다산북스, 2021) p.261.

대체되지 않는 사람

초판 1쇄 발행   2025년 5월 15일

지은이	이준희(LEE HYUNG)
출판사	주식회사 얼라이브커뮤니티
출판 브랜드	Alivebooks
주소	경기 과천시 뒷골로 40-11
이메일	official@alivecommunity.co.kr

기획 및 책임 편집 | 고영혁

디자인 | 강해진

교정·교열 | 이주아, 이다희